Nicole Nemni-Nat
Corinne Touati

Anglais

Niveau A2+/B1 du CECR

Suivi d'édition : Catherine de Bernis
Maquette intérieure : Frédéric Jély
Mise en page : Graphismes
Illustrations : Axel Renaux (intérieur) ; Guillaume Trannoy (dessins de la chouette)

© Hatier, Paris, janvier 2007   ISBN : 978-2-218-92460-6

Toute représentation, traduction, adaptation ou reproduction, même partielle, par tous procédés, en tous pays, faite sans autorisation préalable est illicite et exposerait le contrevenant à des poursuites judiciaires. Réf. : loi du 11 mars 1957, alinéas 2 et 3 de l'article 41. Une représentation ou reproduction sans autorisation de l'éditeur ou du Centre français d'exploitation du droit de copie (20, rue des Grands-Augustins, 75006 Paris) constituerait donc une contrefaçon sanctionnée par les articles 425 du Code pénal.

Sommaire

Index des objectifs de communication 4
Mode d'emploi 5

Le groupe nominal

1. Les noms 6
2. Les déterminants 8
3. Les quantifieurs : *some, any, no* 10
4. Autres quantifieurs 12
5. Les adjectifs qualificatifs 14
6. L'adjectif au comparatif 16
7. L'adjectif au superlatif 18
8. Les pronoms personnels et réfléchis 20
9. L'expression de la possession 22
10. Les pronoms relatifs 24
11. Les prépositions 26

Le groupe verbal

12. *Be, have* et *have got* 28
13. Présent simple, présent en *be + V-ing* ? 30
14. Prétérit simple, prétérit en *be + V-ing* ? 32
15. Le *present perfect* 34
16. Prétérit simple ou *present perfect* ? 36
17. L'expression de l'avenir 38
18. L'impératif 40
19. Les modaux (1) 42
20. Les modaux (2) 44
21. Le passif 46
22. L'infinitif 48
23. Le gérondif 50

La phrase

24. Les questions 52
25. Les phrases réduites 54
26. Les phrases exclamatives 56
27. Les subordonnées complétives 58

Lexique des exercices 60
Index grammatical 63

Les corrigés des exercices sont situés dans un cahier central paginé de 1 à 32.
Ce cahier comprend également un mémento de conjugaison anglaise, pages 15 à 18.

Index

des objectifs de communication

Informer, s'informer

- Décrire quelqu'un .... p. **29** ex. 3
- Situer dans l'espace .... p. **26** ex. 1 • p. **27** ex. 3
- Demander, donner un itinéraire .... p. **44** ex. 1
- Situer dans le temps .... p. **33** ex. 3 • p. **37** ex. 2
- Exprimer la durée .... p. **35** ex. 5
- Parler du présent .... p. **31** ex. 3-4
- Parler du passé .... p. **13** ex. 3 • p. **25** ex. 4 • p. **32** ex. 1 • p. **37** ex. 3
- Parler de l'avenir .... p. **38** ex. 1

Agir, faire agir

- Donner un ordre, interdire .... p. **8** ex. 2 • p. **40** ex. 1-2 • p. **44** ex. 1
- Conseiller, déconseiller .... p. **40** ex. 2
- Faire une proposition, une promesse .... p. **41** ex. 3 • p. **43** ex. 4
- Exprimer l'intention et le but .... p. **38** ex. 1 • p. **49** ex. 3-4
- Exprimer la capacité, l'incapacité .... p. **43** ex. 2

Exprimer ses sensations et sentiments

- Exprimer la surprise .... p. **57** ex. 5
- Exprimer l'admiration .... p. **57** ex. 4

Exprimer son opinion

- Dire ses goûts, ses préférences .... p. **10** ex. 2 • p. **31** ex. 4 • p. **51** ex. 4
- Comparer .... p. **16** ex. 1 • p. **17** ex. 2-3-4 • p. **18** ex. 2 • p. **19** ex. 3-4-5 • p. **54** ex. 2-3
- Opposer des faits, des idées .... p. **55** ex. 3 • p. **54** ex. 3-4

Communiquer dans des situations courantes

- Dans la rue .... p. **44** ex. 1
- Dans un magasin .... p. **11** ex. 4
- Au café, au restaurant .... p. **10** ex. 2
- À la gare, dans le métro .... p. **52** ex. 1
- À la bibliothèque .... p. **31** ex. 4

Chouette mode d'emploi

Bonjour,

Tu viens d'acquérir ce cahier de la collection Chouette entraînement et tu voudrais savoir ce qu'il contient et comment l'utiliser au mieux.

Se repérer dans le cahier

■ Cet ouvrage est composé :

– d'un **cahier principal** qui contient 27 unités de révision ;

– d'un **cahier central de corrigés,** sur fond gris. Celui-ci comprend les corrigés détaillés des exercices des 27 unités de révision ; note que chaque corrigé est accompagné d'un commentaire pour t'aider à mieux comprendre ;

– d'un **mémento de conjugaison,** agrafé au centre de l'ouvrage. Celui-ci présente sur 4 pages la conjugaison des verbes types ainsi que la liste des verbes irréguliers.

■ Pour **choisir un thème de révision,** tu peux bien sûr utiliser le sommaire (à la page 3) qui t'indique tous les thèmes traités ; tu peux aussi faire une recherche plus précise grâce à l'index des objectifs de communication (ci-contre) et celui des points grammaticaux (à la page 63).

Se repérer dans une unité

Voici l'unité type correspondant à un thème de révision. Elle se compose :
– de courtes **leçons** sur les points clés du cours ;
– d'une **série d'exercices** qui te permettent de t'entraîner de manière efficace.
N'oublie pas, au fil de ton travail, d'utiliser les **« coups de pouce »** sur les exercices.

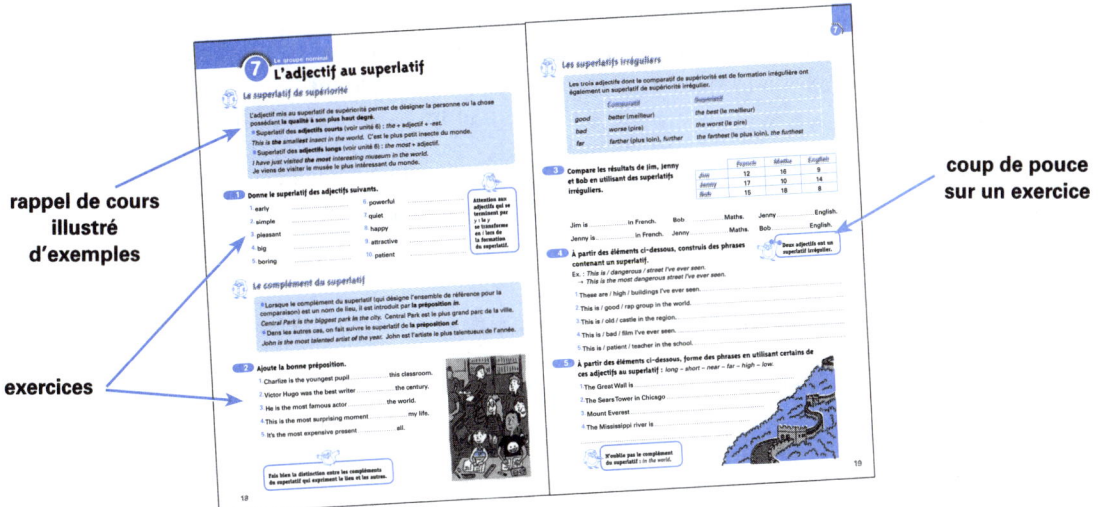

rappel de cours illustré d'exemples

exercices

coup de pouce sur un exercice

Il me reste à te souhaiter un bon travail !

1 Le groupe nominal
Les noms

Les noms dénombrables et indénombrables

- En anglais, il importe de distinguer deux catégories de noms :
– les **dénombrables**, qui font référence à une réalité que l'on peut compter, dénombrer et que l'on peut donc mettre au pluriel ;
a girl → girls   *a cat → cats*   *a chair → chairs*
– les **indénombrables**, qui font référence à un tout et qui sont invariables.
sugar, du sucre   *bread*, du pain   *meat*, de la viande

- Certains noms peuvent être **tantôt dénombrables, tantôt indénombrables,** avec des nuances différentes.
She brought a chocolate cake. Elle a apporté **un gâteau** au chocolat. (dénombrable)
Can I have some more cake, please? Est-ce que je peux encore avoir **du gâteau** ? (indénombrable)

1 Souligne les noms dénombrables en bleu et les indénombrables en noir.

1. I went to the butcher's to buy some meat, some sausages and some hamburgers.
2. Wendy, don't forget to stop at the grocer's to get some rice, eggs and salt.
3. When I go abroad I usually bring back some souvenirs to my children and friends.

La formation du pluriel des noms dénombrables

- En général, on forme le pluriel des noms dénombrables **en ajoutant -s** au singulier. Cependant, certains noms forment leur **pluriel en** -*es* selon les règles suivantes.

Noms terminés par *s, sh, ch, x, z*	Quelques noms terminés par *o*	Noms terminés par une consonne + *y*	Noms terminés par *f, fe, lf*
a bus → bus**es** a match → match**es** a box → box**es**	a potato → potato**es** a tomato → tomato**es**	a lady → lad**ies** a baby → bab**ies** a story → stor**ies**	a leaf → lea**ves** a knife → kni**ves** half → hal**ves**

- Certains noms ont des **pluriels irréguliers** qu'il faut retenir. Voici quelques exemples :
man → **men** – mouse → **mice** – foot → **feet** – child → **children** – tooth → **teeth**

2 Mets les noms soulignés au pluriel et fais les autres transformations nécessaires.

1. Her brush is in the bathroom. ....
2. Don't put the knife and the glass on the floor. ....
3. Look at that child! He is playing with a mouse. ....
4. Your baby is crying: Give him some milk. ....
5. I met a nice woman at the concert. ....

Singulier ou pluriel ?

• Les **noms collectifs**, qui désignent un groupe de personnes, ne prennent pas de marque de pluriel (*-s* ou *-es*) mais sont accompagnés d'un verbe au pluriel.
*There **are** a lot of **people** in the street.* Il y a beaucoup de monde dans la rue.
*The **police are** chasing the criminal.* La police poursuit le criminel.
*My f**amily are** celebrating Jane's birthday.* Ma famille fête l'anniversaire de Jane.

• Certains noms **dénombrables en français** correspondent à des **indénombrables en anglais**. Ils sont alors invariables et sont toujours suivis d'un verbe au singulier.
*Her **hair is** red.* Ses cheveux sont roux.
*Your **luggage is** in my room.* Tes bagages sont dans ma chambre.
*The **news is** good.* Les nouvelles sont bonnes.

3 Compose huit phrases en reliant les éléments des trois colonnes.

1. His luggage
2. The children
3. Her hair
4. All the people
5. The postmen
6. His teeth
7. Their furniture

is

are

- A. quite long.
- B. very modern.
- C. bringing letters.
- D. white and regular.
- E. very heavy.
- F. talking to their children.
- G. playing in the garden.

Certains noms ne s'emploient qu'avec un verbe au singulier.

Les noms composés

• Un nom composé s'écrit généralement **en deux mots** ; certains, cependant, s'écrivent en un seul mot.
a grandmother, une grand-mère   *a fireman*, un pompier

• En général, **le second nom porte la marque du pluriel** ; le premier nom est invariable.
a copybook → copybooks   *an ice cream → ice creams*

4 Légende chaque dessin à l'aide d'un nom composé. Utilise certains des mots fournis.
sea – record – rain – book (x 2) – copy – tooth – bus – paste – side – coat – stop – shop

| 1.................... | 2.................... | 3.................... | 4.................... | 5.................... |

2. Le groupe nominal
Les déterminants

L'article indéfini *a/ an*

- L'article indéfini *a/ an* se traduit par **« un » ou « une »**. On utilise :
– *a* devant un nom commençant par une consonne, un *y* ou un *u* prononcé [ju] ;
a ball   *a* year   *a* university
– *an* devant un nom commençant par une voyelle ou un *h* muet.
an architect   *an* hour

- L'article indéfini n'a **pas de forme pluriel**. On parle d'article « zéro » (Ø).
There are big **trees** in your garden. Il y a de grands arbres dans ton jardin.

- Il faut employer *a/ an* devant les noms de métiers au singulier.
Mrs Harris wants to be *a* dancer. Mme Harris veut être danseuse.

- Attention : *half an hour*, une demi-heure ; *once a week*, une fois par semaine ; *twice a month*, deux fois par mois ; *quite a good book*, un assez bon livre.

1. Complète avec *a*, *an* ou Ø.

1. Her boyfriend's father is .... painter, his mother is .... actress.
2. Rachel usually visits her grandmother once .... month.
3. The plane will take off in half .... hour.
4. I have read quite .... good book.
5. We have visited .... church and .... museums.

> **Phrase 1 : les noms** *painter* et *actress* **désignent un métier.**

L'article défini *the*

- *The* s'emploie devant un nom singulier ou pluriel. Il traduit « le », « la », « les ».
the tourist → **the** tourists   **the** castle → **the** castles

- *The* s'emploie devant les noms déterminés par la situation ou le contexte. Il ne s'emploie pas dans les généralisations. Compare les phrases suivantes :
I like books. J'aime les livres. (en général)
*I like **the** books she writes.* J'aime les livres qu'elle écrit.

- Il ne s'emploie **pas non plus devant certains noms** :
– les noms de repas ;
Lunch will be ready soon. Le déjeuner sera bientôt prêt.

– les noms désignant les jours, les mois, les saisons ;
They eat fish on **Fridays.** Ils mangent du poisson le vendredi.

– les titres suivis d'un nom propre ;
Prince Charles, le prince Charles (mais *the Queen*, la Reine)

– les noms de pays au singulier ;
Italy is a wonderful country. L'Italie est un pays merveilleux.

– les noms de langues ;
*She studies **German** at school.* Elle étudie l'allemand à l'école.
– les noms désignant des activités (jeux, sports, matières scolaires) ;
*They practise **rugby** once a week.* Ils s'entraînent au rugby une fois par semaine.
– les noms abstraits.
***Love** is blind.* L'amour est aveugle.

● Note également ces **expressions** dans lesquelles l'anglais n'emploie pas d'article.

to be at home, être à la maison	*to be at school*, être à l'école
to go home, aller à la maison	*to go to school*, aller à l'école
to be in bed, être au lit	*by car*, en voiture
to go to bed, aller au lit	*by train*, en train

2 Voici une liste de tâches à effectuer. Complète-la avec *a*, Ø ou *the*.

1. Buy .... bottle of .... milk.
2. Buy .... pound of .... apples.
3. Call .... dentist.
4. Take .... car to .... garage.
5. Buy .... cakes she likes.

> Phrase 5 : *cakes* est déterminé précisément.

3 Complète avec *the* ou Ø.

> Vérifie que tu as employé huit fois l'article zéro.

1. My cousin never works on .... Mondays. – 2. She loves .... coffee he makes. – 3. It's 11 o'clock; .... lunch isn't ready. – 4. She goes to .... school by .... car. – 5. .... life is beautiful. – 6. He'll go on .... holiday .... next month. – 7. .... President of .... United States lives in Washington. – 8. I saw him .... last week. – 9. I can't remember .... beginning of .... book.

4 Comment dirais-tu que… ?

1. la reine Elizabeth vit à Buckingham Palace. ....
2. il aime la musique du film. ....
3. Pamela enseigne l'allemand. ....
4. George prend toujours du café au petit déjeuner.

....

5. le président des États-Unis est venu à Paris hier.

....

> « Musique » dans la phrase 2 est déterminé et précis. Il ne s'agit pas de la musique en général.

3 Le groupe nominal
Les quantifieurs : *some, any, no*

Some, any, no

- *Some*, *any* et *no* servent à exprimer une **quantité imprécise**. On les emploie devant un nom indénombrable ou un nom dénombrable au pluriel. Ils se traduisent par **« du »**, **« de la »**, **« des »**.

- Dans les **phrases affirmatives**, on emploie *some*.
*There's **some** wine* (indénombrable) *in my glass.* Il y a du vin dans mon verre.
*There are **some** cars* (dénombrable pluriel) *in the street.* Il y a des voitures dans la rue.

- Dans les **phrases interrogatives**, on emploie *any* ou *some* :
– *any* lorsqu'on ignore s'il y a ce que l'on demande ;
*Have you got **any** orange juice?* As-tu du jus d'orange ?
– *some* lorsque l'on sait qu'il y a ce que l'on demande (demande polie) ou lorsque l'on fait une offre. Dans les deux cas, on attend une réponse positive.
*Can I have **some** pancakes?* Est-ce que je peux avoir des crêpes ?
*Would you like **some** tea?* Voulez-vous du thé ?

- Dans les **phrases négatives**, on emploie *any* ou *no* :
– *any* si la phrase contient une négation ;
*They did**n't** buy **any** newspapers.* Ils n'ont pas acheté de journaux.
*I **never** drink **any** beer.* Je ne bois jamais de bière.
– *no* si la phrase ne contient pas d'autre négation *(no = not... any)*.
*I have **no** money. = I haven't got **any** money.* Je n'ai pas d'argent.

1 Complète les phrases suivantes en employant *some*, *any* ou *no*.

1. I'm making a cake. Have you got .... eggs?
2. We are too busy; we have .... time.
3. There are .... beautiful apple trees in his garden.
4. James didn't bring .... CDs to the party.

> Il faut employer deux fois *any* : dans une phrase interrogative et dans une phrase négative.

2 Complète le dialogue suivant avec *some*, *any* ou *no*.

– Waiter, what can you recommend? I'd like .... fish.
– Sorry we have .... fish today.
– Do you have .... chicken?
– Sure, we make the best in town.
– So I'll have .... chicken with .... vegetables.
– Would you like .... wine with it?
– Do you have .... French wines?
– No, we haven't got ....
– So bring me a bottle of water with .... ice.

Les composés de *some*, *any* et *no*

● Il en existe **trois séries** :
- *somebody* (ou *someone*), *anybody* (ou *anyone*) = quelqu'un, *nobody* (ou *no one*) = personne ;
- *something*, *anything* = quelque chose, *nothing* = rien ;
- *somewhere*, *anywhere* = quelque part, *nowhere* = nulle part.

● Ces pronoms suivent les **mêmes règles d'emploi** que *some*, *any* et *no*.
There is **someone** at the door. Il y a quelqu'un à la porte.
Did he say **anything** interesting? A-t-il dit quelque chose d'intéressant ?
I can't find my key **anywhere**. Je ne trouve ma clé nulle part.

3 Complète les phrases suivantes en employant un composé de *some*, *any* ou *no*.

1. It's Sunday. There's .... at school.
2. Is there .... in the fridge?
3. My car is parked .... in the street.
4. Where's my bag? I can't find it ....
5. Be careful! You're going to break ....

> Demande-toi d'abord quel est le sens du pronom indéfini : parle-t-on d'une personne, d'une chose ou d'un lieu ?

Every et ses composés

● *Every* est un quantifieur qui se traduit par **« chaque, tout »**.
I play tennis every day. Je joue au tennis tous les jours.

● À partir de *every*, on forme les composés suivants :
- *everybody* (*everyone*) : tout le monde ; **Everybody** was laughing. Tout le monde riait.
- *everything* : tout ; **Everything** is in order. Tout est en ordre.
- *everywhere* : partout. I've looked for my pen **everywhere**. J'ai cherché mon stylo partout.

4 Complète cette publicité avec *everybody* (*everyone*), *everything* ou *everywhere*.

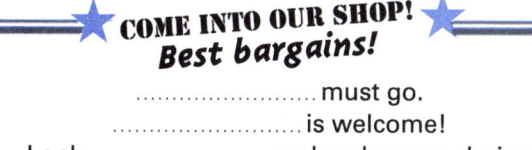

★ COME INTO OUR SHOP! ★
Best bargains!
.... must go.
.... is welcome!
Look .... and make your choice.

• Best bargains : meilleures affaires.
• Make your choice : faites votre choix.

5 Comment dirais-tu que ... ?

> Cacher : hide (hid, hidden).

1. Il n'y a personne derrière la porte. ....
2. Paul a caché la clé quelque part dans la maison. ....
3. Voulez-vous quelque chose à boire ? ....

4 Le groupe nominal
Autres quantifieurs

Many, much, a lot of, a few, a little

Construction	Sens	Exemples
many + dénombrable (surtout dans les phrases interrogatives et négatives)	beaucoup de	Are there **many** computers in your school? Y a-t-il beaucoup d'ordinateurs dans ton école ?
much + indénombrable (surtout dans des phrases interrogatives et négatives)		There isn't **much** milk in the bottle. Il n'y a pas beaucoup de lait dans la bouteille.
a lot of, lots of, plenty of + indénombrable ou dénombrable (surtout dans les phrases affirmatives)		There are **a lot of** people in the street. Il y a beaucoup de gens dans la rue. I've got **plenty of** time. J'ai tout mon temps.
a few + dénombrable	quelques	There are **a few** cows in the meadow. Il y a quelques vaches dans le pré.
a little + indénombrable	un peu de	Put **a little** water in the glass. Mets un peu d'eau dans le verre.

1 **Complète les phrases suivantes en employant** *much, many, a little* **ou** *a few*.

1. I only bought .... biscuits.
2. He didn't bring .... records to the party.
3. There's only .... orange juice in the fridge.
4. I don't have .... money because I don't work.
5. I'm afraid there are only .... sweets for the guests

Too many, too much, so many, so much, enough

Construction	Sens	Exemples
too many + dénombrable	trop	Your sister always buys **too many** presents. Ta sœur achète toujours trop de cadeaux.
too much + indénombrable		Mr Ross gives **too much** work to his secretary. M. Ross donne trop de travail à son secrétaire.
so many + dénombrable	tant, tellement	Don't eat **so many** biscuits! Ne mange pas tant de biscuits !
so much + indénombrable		He has got **so much** work! Il a tant de travail !
enough + dénombrable ou indénombrable	assez	I haven't got **enough** money. Je n'ai pas assez d'argent.

2 Complète les phrases suivantes en employant *much, many* ou *enough*.

1. There are too .... people in this restaurant.
2. He's very fat. He drinks too .... beer.
3. I can't buy a house. I haven't got .... money.
4. He is fifteen. He isn't old .... to drive.
5. Don't buy so .... cakes!

> *People* est un nom collectif désignant un pluriel bien qu'il ne prenne pas de *s*.

3 Utilise le signe * pour indiquer où tu pourrais insérer *enough* dans ce texte.

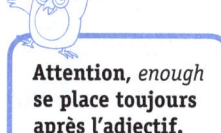

> **Attention,** *enough* se place toujours après l'adjectif.

Yesterday it was warm and I decided to go shopping with Ann; but I couldn't buy anything because I didn't have money. Ann had euros to buy me an ice cream instead! I was lucky....

Other, both, either ... or, neither ... nor

Other (autre), *both* (les deux), *either ... or* (soit ... soit), *neither ... nor* (ni ... ni) s'emploient pour exprimer un choix.

Construction	Sens	Exemples
other	autre	*Give me the **other** pen.* Donne-moi l'autre stylo.
both	les deux	*I like them **both**.* Je les aime tous les deux. *He likes **both** tea and coffee.* Il aime les deux : le thé et le café.
either ... or	soit ... soit	*You can have **either** an ice cream **or** a cake.* Tu peux prendre soit une glace, soit un gâteau.
neither ... nor	ni ... ni	*I drink **neither** coffee **nor** tea.* Je ne bois ni café, ni thé.

4 Complète les phrases suivantes en utilisant *other, both, either ... or* ou *neither ... nor*.

1. I would like to visit .... the museum .... the exhibition. What's your choice?
2. At breakfast I drink .... tea .... coffee: I have some fruit juice.
3. .... books are interesting.
4. These shoes are too small; give me the .... ones.
5. I would like to see .... the western and the detective film.

5 Le groupe nominal
Les adjectifs qualificatifs

Place de l'adjectif qualificatif

L'adjectif qualificatif peut être épithète ou attribut.
- S'il est **attribut**, il fait partie du groupe verbal. *This scarf is **red***. Cette écharpe est rouge.
- S'il est **épithète**, il se place en règle générale avant le nom.
*Have you ever seen a **red** butterfly?* Avez-vous déjà vu un papillon rouge ?
Cependant, lorsqu'il est accompagné d'un complément, il peut être placé après le nom.
*a **full** box*, une boîte pleine ; mais *a box **full** of sweets*, une boîte pleine de bonbons
- Lorsqu'il y a **plusieurs adjectifs épithètes**, il faut respecter l'ordre :
dimension + âge + couleur + origine/ matière.
*I have never driven a **big American** car.* Je n'ai jamais conduit de grosse voiture américaine.
- L'adjectif qualificatif anglais est **invariable**. *These books are **red**.* Ces livres sont rouges.

1 Construis des phrases avec ces mots dans le désordre.

1. gave / she / fresh / orange juice / me / a ....
2. bottle / full / this / milk / of / I / broke ....
3. driving / he / dangerous / very / car / 's / a ....
4. vote / 's / enough / not / to / old / she ....
5. your / sister / can / next / come / earlier / Friday / ?
....
6. children / the / is / for / deep / swimming-pool / too / ? / the
....
7. old / is / bag / carrying / the / a / lady / heavy
....
8. mysterious / hotel / they / a / frightening / spent / a / night / in
....

> **Phrase 4 :** *enough* doit se placer après l'adjectif *old*.

Participe présent et participe passé

- Le participe présent et le participe passé peuvent être employés **comme adjectifs**.
*I have just read an **interesting** book.* Je viens de lire un livre intéressant.
*I'm **interested** in African music.* Je m'intéresse à la musique africaine.

- Attention à ne pas confondre :
bored (ennuyé) et *boring* (ennuyeux) ; *interested* (intéressé) et *interesting* (intéressant) ;
tired (fatigué) et *tiring* (fatigant), etc.

2 Choisis la bonne réponse.

 • *The Middle Ages* : **le Moyen Âge**. • *Get bored* : **s'ennuyer.**

1. Our new history teacher is .... (*interested / interesting*).

He is .... (*interested / interesting*) in the Middle Ages.

2. Paul is .... (*shocked / shocking*) by Fred's reaction. Fred is sometimes

really .... (*shocked / shocking*).

3. Horror films are .... (*bored / boring*) but I rarely get .... (*bored / boring*).

4. I worked too much yesterday; I am .... (*tired / tiring*). Painting the ceiling was

.... (*tired / tiring*).

Emplois particuliers

● Certains adjectifs tels que *afraid, awake, ill* ne s'emploient que comme attributs.
He is afraid of snakes. Il a peur des serpents.
Allison is awake. Allison est réveillée.
Thomas was very ill last Christmas. Thomas a été très malade à Noël dernier.

● Les **adjectifs de nationalité** prennent une majuscule.
This Chinese restaurant is the best in town. Ce restaurant chinois est le meilleur de la ville.

● Les **adjectifs composés** se forment à partir de différents éléments : adjectif, nom, adverbe... Voici quelques exemples de construction.

Composition	Exemple	Traduction
adjectif + adjectif	a *light blue* coat	un manteau bleu clair
adjectif + nom + *ed*	a *black-haired* girl	une fille aux cheveux noirs
1er élément + participe présent	a *good-looking* princess	une belle princesse
1er élément + participe passé	a *well-known* writer	un écrivain célèbre

3 Comment dirais-tu que... ?

1. ton frère a peur de dormir seul. ....

2. tu as été malade la semaine dernière. ....

3. Elisa est réveillée, mais Sebastian est encore endormi. ....

....

4. ton professeur de piano est une femme aux yeux bleus.

....

5. il y a une voiture rouge foncé devant le restaurant.

....

Utilise deux adjectifs composés.

6 L'adjectif au comparatif

Le groupe nominal

Le comparatif d'égalité

L'adjectif mis au comparatif permet de **faire une comparaison** entre deux personnes, deux choses, deux groupes.

● Pour former le **comparatif d'égalité**, on utilise la structure :
as + adjectif + *as* + complément du comparatif.
*Helen's dress is **as** expensive **as** Susan's.* La robe d'Hélène est aussi chère que celle de Susan.

● Pour exprimer l'**absence d'égalité**, il suffit d'ajouter *not*.
*Jessica **isn't as** old **as** Ben.* Jessica n'est pas aussi âgée que Ben.

1 Compare les personnages à l'aide des adjectifs donnés. Inspire-toi de l'exemple.

Ex. : patient   mother −   father +
→ *My mother is not as patient as my father.*

funny   brother −   sister +
....

pretty   the witch −   the princess +
....

careful   Sam −   Ben +
....

Le comparatif d'infériorité

● Pour former le **comparatif d'infériorité**, on utilise la structure :
less + adjectif + *than* + complément du comparatif.
*Mrs Simpson is **less** patient **than** Mrs Bridge.* Mme Simpson est moins patiente que Mme Bridge.

2 Construis des phrases logiques avec un comparatif d'infériorité à l'aide des adjectifs :
strong – adventurous – sunny – popular.

1. A puppy / a dog ....
2. My neighbour / Robbie William ....
3. My friend / Superman ....
4. Canada / California ....

Le comparatif de supériorité

● Comparatif de supériorité des **adjectifs courts** : adjectif + -er + than + complément.
Sont dits courts les adjectifs d'une syllabe et ceux de deux syllabes terminés par -y ou -le.
*Bill is tall**er than** John.* Bill est plus grand que John.
Attention aux modifications orthographiques.
heavy → heavier   big → bigger   fat → fatter

● Comparatif de supériorité des **adjectifs longs** : *more* + adjectif + *than* + complément.
*A lion is **more** dangerous **than** a zebra.* Un lion est plus dangereux qu'un zèbre.

3 À partir de ces éléments, construis des phrases contenant un comparatif de supériorité.
Ex. : *he / careful / the bus-driver → He is more careful than the bus-driver.*

1. a cocktail / tasty / a soda ....
2. my dog / dirty / yours ....
3. a forest / big / a park ....
4. caviar / expensive / ham ....

Les comparatifs irréguliers

● *good → **better*** (meilleur)   *bad → **worse*** (pire)   *far → **farther*** (plus loin)

● ***Far*** a en fait deux comparatifs : *farther* (plus loin) et *further*.
*New York is **farther** away than London.* New York est plus éloignée que Londres.
*We need **further** information.* Nous avons besoin de renseignements complémentaires.

4 Complète chaque phrase avec l'adjectif entre parenthèses au comparatif.

1. We all spoke Spanish but my friend spoke .... (well)
2. His birthday party was .... than last year; we left earlier. (bad)
3. Walk a little .... and you'll find the store. (far)
4. We need .... details to complete your file. (far)

7 Le groupe nominal
L'adjectif au superlatif

Le superlatif de supériorité

L'adjectif mis au superlatif de supériorité permet de désigner la personne ou la chose possédant **la qualité à son plus haut degré**.
- Superlatif des **adjectifs courts** (voir unité 6) : *the* + adjectif + *-est*.
*This is **the** small**est** insect in the world.* C'est le plus petit insecte du monde.
- Superlatif des **adjectifs longs** (voir unité 6) : *the most* + adjectif.
*I have just visited **the most** interesting museum in the world.*
Je viens de visiter le musée le plus intéressant du monde.

1 Donne le superlatif des adjectifs suivants.

1. early ....
2. simple ....
3. pleasant ....
4. big ....
5. boring ....
6. powerful ....
7. quiet ....
8. happy ....
9. attractive ....
10. patient ....

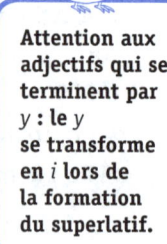

Attention aux adjectifs qui se terminent par *y* : le *y* se transforme en *i* lors de la formation du superlatif.

Le complément du superlatif

- Lorsque le complément du superlatif (qui désigne l'ensemble de référence pour la comparaison) est un nom de lieu, il est introduit par **la préposition** *in*.
*Central Park is the biggest park **in** the city.* Central Park est le plus grand parc de la ville.
- Dans les autres cas, on fait suivre le superlatif de **la préposition** *of*.
*John is the most talented artist **of** the year.* John est l'artiste le plus talentueux de l'année.

2 Ajoute la bonne préposition.

1. Charlize is the youngest pupil .... this classroom.
2. Victor Hugo was the best writer .... the century.
3. He is the most famous actor .... the world.
4. This is the most surprising moment .... my life.
5. It's the most expensive present .... all.

Fais bien la distinction entre les compléments du superlatif qui expriment le lieu et les autres.

Les superlatifs irréguliers

Good, bad, far ont un superlatif de supériorité irrégulier.

	Comparatif	Superlatif
good	*better* (meilleur)	*the best* (le meilleur)
bad	*worse* (pire)	*the worst* (le pire)
far	*farther* (plus loin), *further*	*the farthest* (le plus loin), *the furthest*

3 Compare les résultats de Jim, Jenny et Bob en utilisant des superlatifs irréguliers.

	French	Maths	English
Jim	12	16	9
Jenny	17	10	14
Bob	15	18	8

Jim is .... in French.   Bob .... maths.   Jenny .... English.

Jenny is .... in French.   Jenny .... maths.   Bob .... English.

4 À partir des éléments ci-dessous, construis des phrases contenant un superlatif.

> Deux adjectifs ont un superlatif irrégulier.

Ex. : *This is / dangerous / street I've ever seen.*
→ *This is the most dangerous street I've ever seen.*

1. These are / high / buildings I've ever seen. ....
2. This is / good / rap group in the world. ....
3. This is / old / castle in the region. ....
4. This is / bad / film I've ever seen. ....
5. This is / patient / teacher in the school. ....

5 À partir des éléments ci-dessous, forme des phrases en utilisant certains de ces adjectifs au superlatif : *long – short – near – far – high – low*.

1. The Great Wall is ....
2. The Sears Tower in Chicago ....
3. Mount Everest ....
4. The Mississippi river is ....

....

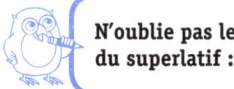

N'oublie pas le complément du superlatif : *in the world*.

8 Le groupe nominal
Les pronoms personnels et réfléchis

Les pronoms personnels

• En anglais, comme en français, les pronoms personnels **sujets** permettent de conjuguer le verbe.

I	we
you	you
he, she, it	they

Note bien qu'à la 3e personne du singulier, *it* fait référence à un animal ou à un objet.

• Les pronoms personnels **compléments** se placent toujours après le verbe.

me	us
you	you
him, her, it	them

Him fait référence à une personne de sexe masculin. *Her* fait référence à une personne de sexe féminin.

• Attention, on emploie le pronom personnel sujet, et non le pronom personnel complément, dans la construction suivante.
My cousin and I are going to the concert. Mon cousin et moi allons au concert.

1 Complète avec un pronom personnel complément.

1. The thief is running away. Stop ....! – 2. She's got a problem. Can you help ....? – 3. Would you like to come with ....? We're going to the cinema. – 4. I'm speaking. Listen to ...., please! – 5. I've bought a new dress. Do you like ....? – 6. This cake is delicious. Taste ....! – 7. Call .... tonight, I have got something to tell you. – 8. John and Mary! Daddy brought .... a present. – 9. Bring .... some water. We're thirsty. – 10. Wait for ...., I'm coming.

2 Complète avec un pronom personnel sujet ou complément.

1. Where are the bus-drivers? .... are at the restaurant.
2. Buy this dictionary: ....'s not expensive.
3. Children mustn't drink wine. It's bad for ....
4. Take your umbrella, ... may rain.
5. Call .... tonight: We'll be at home.

Attention, *rain* **est un verbe impersonnel.**

3 Construis des phrases avec ces mots dans le désordre.

1. they / us / to / talking / were   ....
2. he / shopping / 's / his / doing   ....
3. me / forgot / call / to / she   ....
4. will / party / at / he / her / see / the   ....

Les pronoms réfléchis

● On emploie un pronom réfléchi lorsque le sujet et le complément du verbe représentent **la même personne**. L'équivalent en français est souvent un verbe pronominal.

myself	ourselves
yourself	yourselves
himself, herself, itself	themselves

*We enjoyed **ourselves** at your party.* Nous nous sommes amusés à ta fête.

● Attention, cependant, en anglais, on emploie **sans pronom réfléchi** des verbes qui expriment des actions habituelles ou machinales et qui sont pronominaux en français : *wake up* (se réveiller), *get up* (se lever), *make up* (se maquiller), *shave* (se raser), *wash* (se laver), *dress* (s'habiller), *feel* (se sentir), *meet* (se rencontrer).
Get dressed! Habille-toi!
We get up at 7 every morning. Nous nous levons à 7 heures tous les matins.

● Les pronoms réfléchis servent aussi à **insister sur le sujet**.
*She did it **herself**.* Elle l'a fait elle-même.
*He will tell you **himself**.* Il te le dira lui-même.

4 Indique à quel dessin correspond chacune de ces phrases.

• She is painting the ceiling herself. ....
• She is looking at herself. ....
• He cut himself. ....
• They enjoyed themselves. ....

9 L'expression de la possession

Le groupe nominal

Les déterminants possessifs

- En anglais, comme en français, les déterminants possessifs varient selon le possesseur.

	Un possesseur	Plusieurs possesseurs
1re personne	my ball	our ball
2e personne	your ball	your ball
3e personne	his, her, its ball	their ball

À la 3e personne du singulier, on choisit **his** (masculin), **her** (féminin) ou **its** (neutre), en fonction du possesseur.

- Mais, contrairement au français, ils ne varient pas avec le nom déterminé.
*I like **your** jacket and **your** trousers.* J'aime ta veste et ton pantalon.

- Le déterminant possessif s'emploie plus en anglais qu'en français, en particulier pour désigner les parties du corps et les vêtements.
*He is wearing **his** hat on **his** head.* Il porte un chapeau sur la tête.

1 Complète avec un déterminant possessif.

1. Henry has just gone out. He has forgotten .... umbrella. – 2. Bill and I are going to leave soon. We are packing .... suitcases. – 3. I love Paul but I don't like .... dog. – 4. Samantha forgot .... bag at the party yesterday. – 5. Put the rabbit in .... box!

Le génitif (cas possessif)

- Le génitif permet d'exprimer **la possession ou une relation de parenté**. Il se construit selon ce schéma :

nom du possesseur + **'s** + nom de l'objet possédé sans déterminant

*My **friend's** watch is broken.* La montre de mon ami est cassée.
*Fred is **Jennifer's** brother.* Fred est le frère de Jennifer.

- **Au pluriel**, le *s* disparaît, mais l'apostrophe demeure.
*My **parents'** neighbours are really nice.* Les voisins de mes parents sont vraiment gentils.

Lorsque le nom du possesseur a un pluriel irrégulier, on emploie *'s*.
*Look at the **policemen's** horses.* Regarde les chevaux des policiers.

- Attention, le génitif s'emploie avec des noms de personnes et d'animaux, mais ne peut pas s'employer avec des noms d'objets concrets.
On dira ainsi : *the leg **of** the table*, le pied de la table.

- Certains noms comme **shop, house, church** sont généralement sous-entendus après le *'s*.
*Tonight I'll sleep at **Mrs Field's** (= Mrs Field's house).* Ce soir, je dormirai chez Mme Field.

2 Construis le génitif comme dans l'exemple.
Ex.: *Ben has got a moped.* → *It's Ben's moped.*

1. My friends have got a jeep. ....
2. Mrs Stanford has got a new nephew. ....
3. The boys have got an electric train. ....
4. The headmaster has got an office. ....
5. Elizabeth has got dogs. ....

> **Phrase 5 :** *dogs* est au pluriel ; le sujet de la phrase à construire sera donc au pluriel.

3 Comment dirais-tu que... ?

1. la valise de ce touriste est perdue. ....
2. ce sont les vélos des enfants. ....
3. ils ont perdu la clé du coffre. ....
4. tu aimes l'appartement de ta cousine. ....
5. la chambre de tes frères est agréable. ....

Les pronoms possessifs

- Observe ces deux phrases :
*It's **my bike**.* (déterminant possessif + nom) C'est mon vélo.
→ *It's **mine**.* (pronom possessif) C'est le mien.

- On choisit le pronom possessif en fonction du possesseur.

	Un possesseur	Plusieurs possesseurs
1re personne	mine	ours
2e personne	yours	yours
3e personne	his, hers, its	theirs

4 À partir des deux éléments donnés, reconstitue la question et la réponse correspondante.
Ex. : *Henry / guitar* → *Whose guitar is it ? It's Henry's. It's his.*

1. Robert / moped ....
2. her parents / TV ....
3. his grandparents / radio ....
4. the children / toys ....
5. Judy / skirt ....

 Whose est le mot interrogatif qui interroge sur l'appartenance.

10 Les pronoms relatifs
Le groupe nominal

Le pronom relatif est sujet

Pour savoir quel pronom relatif employer, tu dois trouver son **antécédent** (le mot qu'il représente). On n'emploie pas le même pronom :
– si l'antécédent est un être animé ou s'il est une chose ;
– si le pronom relatif est sujet ou complément.

● Si le pronom relatif est le sujet, on utilise **who** ou **which**.

L'antécédent désigne un être animé = *who*	L'antécédent désigne une chose = *which*
*Look at the girl **who** is dancing.* Regarde la fille qui danse.	*I've got a book **which** is very interesting.* J'ai un livre qui est très intéressant.

● On peut également employer le pronom relatif *that* à la place de *who* ou *which*, mais uniquement si la relative est déterminative (c'est-à-dire si on ne peut pas la supprimer).
*Look at the girl **who** is dancing. = Look at the girl **that** is dancing.*

1 Complète les phrases suivantes avec *who* ou *which*.

1. He broke a vase .... was expensive.
2. Look at the cassette .... is on the desk.
3. Bill wants to go to a university .... is in California.
4. Mr Brown is the man .... lives next door.
5. The woman .... wrote this book is my teacher.

Le pronom relatif est complément

● Si le pronom relatif est complément dans la subordonnée, on utilise **who(m)**, **which**, **that** ou **Ø** (le pronom relatif zéro).

L'antécédent désigne un être animé = *who(m)* ou *that* ou *Ø*.	L'antécédent désigne une chose = *which* ou *that* ou *Ø*.
*The boy **who(m)** you met is my best friend.* Le garçon que tu as rencontré est mon meilleur ami.	*The story **which** he told me is unbelievable!* L'histoire qu'il m'a racontée est incroyable !

● *That* ou *Ø* ne peuvent remplacer *who* ou *which* que si la relative est déterminative.
*Tell me about the boy **Ø** you've met. = Tell me about the boy **that** you've met.*

● La **préposition** qui accompagne, éventuellement, le pronom relatif est généralement rejetée en fin de proposition. Le rejet est obligatoire lorsque l'on emploie *that* ou quand le pronom relatif est sous-entendu.
*The chair **which** he is sitting **on** is broken. The chair **Ø** he is sitting **on** is broken.*
La chaise sur laquelle il est assis est cassée.

2 À partir des deux phrases données, construis une seule phrase contenant une subordonnée relative.

Ex. : *There's a museum. I'd like to visit it.* → *There's a museum which I'd like to visit.*

1. I have a friend. He's an actor. ....
2. There's a film. I'd like to see it. ....
3. I know a man. He's an archaeologist. ....
4. They live in a house. It's very comfortable. ....

3 Reconstitue les phrases suivantes. Puis entoure le numéro des phrases dans lesquelles on peut supprimer le pronom relatif.

1. This is the biggest museum •   • A. which comes from Brighton.
2. We'll take the train •   • B. that she has ever visited.
3. I don't like the film •   • C. which I bought in China.
4. I've got a ring •   • D. that she is talking to?
5. Do you know the man •   • E. that I saw yesterday.
6. Look at the girl •   • F. who is running.

Regarde d'abord les antécédents pour reconstituer les phrases

4 Complète le texte ci-dessous avec des pronoms relatifs ou Ø.

- *Hitchhike* : **faire de l'autostop.**
- *Actually* : **en fait.**

Yesterday I was driving my car when I saw a man .... was hitchhiking. I noticed him because he was carrying a bag .... seemed too big for him. The girl .... he was talking to was tall and blond. The car .... I was driving was too small for three; so I didn't take them.
When I got back home in the evening I recognized the two persons .... were sitting on my sofa. They were the two hitchhikers and they were speaking with my husband; the man was actually his cousin .... he hadn't seen in years. I looked at them and smiled.

11 Les prépositions

Le groupe nominal

Les prépositions de lieu

En anglais, comme en français, les prépositions servent à introduire un complément. Elles sont invariables. Voici les principales prépositions de sens spatial.

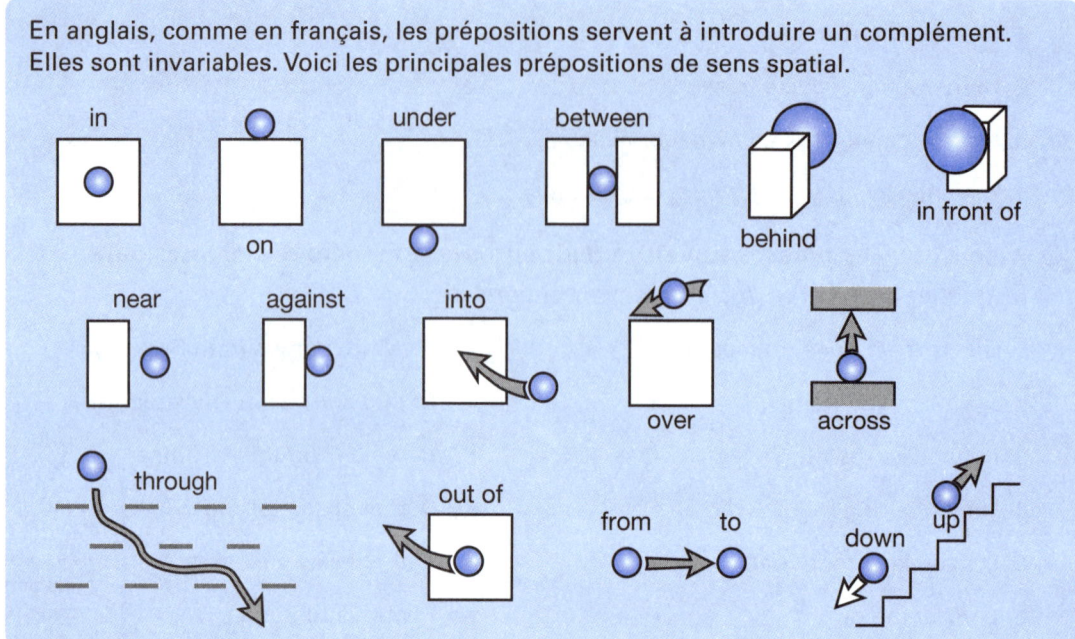

1 Construis des phrases avec ces mots dans le désordre.

1. clouds / the / flying / the / is / over / plane

....

2. door / are / John and Betty / sitting / between / and / the / window / the

....

3. Peter / ice rink / with / is / to / going / brother / his / the

....

Autres prépositions très courantes

about	What is the story **about**? Quel est le sujet de l'histoire ?
after	Daisy will meet her friends **after** school. Daisy retrouvera ses amis après l'école.
at	Meg was **at** the theatre. Meg était au théâtre. Her train leaves **at** five. Son train part à cinq heures.
before	She'll have dinner **before** coming. Elle dînera avant de venir.
by	They went to Germany **by** train. Ils sont allés en Allemagne en train.
during	Celia kept talking **during** the film. Celia n'arrêtait pas de parler pendant le film.
for	These letters are **for** Dora. Ces lettres sont pour Dora. Amy slept **for** three hours. Amy a dormi pendant trois heures.

instead of	Barry went skiing **instead of** going to England. Barry est allé skier au lieu d'aller en Angleterre.
like	She speaks **like** a baby. Elle parle comme un bébé.
of	Have a glass **of** milk. Prends un verre de lait.
past	It's ten **past** five. Il est cinq heures dix. You had to walk **past** the ice rink. Il fallait passer devant la patinoire.
since	Eddie hasn't slept **since** Thursday. Eddie n'a pas dormi depuis jeudi.
with	Edith is going to the beach **with** Ann. Edith va à la plage avec Anne.
without	Mr Hill never goes out **without** his hat. M. Hill ne sort jamais sans son chapeau.

2 Complète les phrases suivantes en choisissant parmi les prépositions suivantes :
like – by – of – since – instead of – for – last – with.

1. I like travelling .... train. – **2.** They went to the mountains .... going to the seaside. – **3.** Would you like to come .... us? – **4.** I worked .... three hours. – **5.** What is the title .... the film?

Emplois particuliers

● Certains **verbes (transitifs indirects)** se construisent toujours avec une préposition.
Gary is **listening to** the radio. Gary écoute la radio.
Mrs Kane is **waiting for** her husband. Mme Kane attend son mari.
Mike is **looking at** some pictures. Mike regarde des photos.
The children are **laughing at** him. Les enfants se moquent de lui.

● Certains **adjectifs** sont toujours suivis de la même préposition.
I am **afraid of** dogs. J'ai peur des chiens.
Mary is **interested in** physics. Mary s'intéresse à la physique.

● Attention ! Dans une question, la préposition reste après le verbe ou l'adjectif.
What is she **interested in**? À quoi s'intéresse-t-elle ?
What is he **listening to**? Qu'est-ce qu'il écoute ?

3 Comment dirais-tu que… ?

> **Se moquer de :** to laugh at.

1. la librairie est entre le cinéma et la boulangerie.

....

2. elle ne parle pas français. Elle vient d'Angleterre.

....

3. ses amis se sont moqués de lui. ....

4. il attend sa sœur dans la rue. ....

5. ils vont en Italie tous les ans. ....

12 Le groupe verbal
Be, have et have got

Be

• Voici les formes de *be* au présent et au prétérit à la forme affirmative.

Présent		Prétérit	
I am	we are	I was	we were
you are	you are	you were	you were
he, she, it is	they are	he, she, it was	they were

Pour obtenir la **forme interrogative**, on fait l'inversion : le verbe passe avant le sujet.
Were the children at home? Est-ce que les enfants étaient à la maison ?

Pour obtenir la **forme négative**, on ajoute la négation *not*.
Gerald is not (isn't) good at maths. Gérald n'est pas bon en maths.

• Plusieurs **expressions** contenant le verbe « avoir » en français se construisent avec *be* en anglais. Apprends à les reconnaître.

– I **am** cold, warm, hot. J'ai froid, chaud, très chaud.
– I **was** very hungry and thirsty. J'avais très faim et soif.
– Peter **is** sleepy. Peter a sommeil.
– I **am** not afraid of spiders. Je n'ai pas peur des araignées.
– Eva **will be** 14 next month. Eva aura 14 ans le mois prochain.
– I **am** right and you **are** wrong. J'ai raison et tu as tort.
– He **was** very lucky. Il a eu beaucoup de chance.

1 Comment dirais-tu que... ?  N'utilise pas le même verbe en anglais et en français.

1. Paul aura 15 ans demain. ....

2. ils avaient très chaud et soif. ....

3. tu as froid et tu as sommeil. ....

4. il a peur des chiens et des chats. ....

5. le père de Paul pense qu'il a toujours raison. ....

....

Have et *have got*

• **Have got** permet d'exprimer la possession.
Il ne s'emploie qu'au présent.

I have got	we have got
you have got	you have got
he, she, it has got	they have got

Pour construire la **forme interrogative**, on fait l'inversion.
Have you got a computer? As-tu un ordinateur ?

Pour construire la **forme négative**, on ajoute la négation après *have*.
I haven't got a bike. Je n'ai pas de vélo.

> • Le **verbe ordinaire** *have* se construit à tous les temps. Aux formes interrogative et négative, il se conjugue avec l'auxiliaire *do* au présent simple et avec *did* au prétérit.
>
> Il est employé dans des **expressions** où il se traduit par « prendre », « faire ... ».
> *Did you have lunch at the restaurant?* As-tu déjeuné au restaurant ?
> *Did they have a good time?* Se sont-ils bien amusés ?
> *He doesn't have a bath in the morning.* Il ne prend pas de bain le matin.
> *Did you have a nice walk?* As-tu fait une belle promenade ?
>
> Il peut également exprimer la **possession** (surtout en anglais américain.)
> *Do you have a computer? Yes, I do.* As-tu un ordinateur ? Oui.

2 Complète les phrases suivantes avec *be* ou *have* à la forme qui convient.

1. Larry can drive because he .... eighteen.

2. Jackie .... a bath every morning.

3. Come with us. Let's .... a drink.

4. This is a good answer. You .... right.

5. I didn't .... a violin lesson yesterday.

Vérifie que tu as employé deux fois le verbe *be* et trois fois le verbe *have*.

La forme contractée

> Ne confonds pas les formes contractées de *be* et *have* à la 3ᵉ personne du singulier.
> *He's got a new cassette.* = *He has got a new cassette.* Il a une nouvelle cassette.
> *He's an architect.* = *He is an architect.* Il est architecte.
> La forme contractée de *be* n'est pas suivie de *got*.

3 Cécilia a rendez-vous avec Barney, mais il y a beaucoup de monde. Aide-la à le retrouver en remplaçant, lorsque c'est possible, le *'s* par *has* ou *is*.

Ex : *Barney's got a black umbrella.* → *has*

1. Barney's glasses are blue. ....

2. Barney's got five roses in his right hand. ....

3. Barney's not very fat. ....

4. Barney's hat's grey. ....

5. Barney's got a newspaper in his left pocket. ....

6. Barney's wearing a tie. ....

7. Barney's shoes aren't black and white. ....

13 Le groupe verbal
Présent simple, présent en *be + V-ing* ?

La formation du présent simple

- À la forme affirmative, on utilise la base verbale à toutes les personnes, sauf à la **3ᵉ personne du singulier** où l'on ajoute un **-s**. Cette terminaison doit s'entendre et se prononce [s], [z] ou [ɪz].
*I **like** tea but my brother **prefers** coffee.* J'aime le thé mais mon frère préfère le café.

- Les **formes interrogative et négative** se construisent **avec do** (qui devient **does** à la 3ᵉ personne du singulier). Note bien l'ordre des mots.
***Do** you **like** detective films?* Est-ce que tu aimes les films policiers ?
*He **doesn't read** poems.* Il ne lit pas de poèmes.

1 Construis des phrases au présent simple avec ces mots dans le désordre. Il y a un mot en trop dans chaque série. Dis pourquoi tu ne peux pas l'utiliser.

1. do / your / does / what / friend / Canadian / neighbours?
.... Intrus : ....

2. meat / doesn't / eat / my / American / eats / cousin.
.... Intrus : ....

3. always / her / Tuesday / she / Tuesdays / on / washes / hair.
.... Intrus : ....

La formation du présent en *be + V-ing*

- Il se forme avec **be** conjugué au présent et la base verbale terminée par **-ing**.
*She **is listening** to the radio.* Elle écoute la radio (en ce moment).

- **Forme interrogative**
Pour obtenir la forme interrogative, on fait l'inversion : l'auxiliaire passe avant le sujet.
***Is** he **working**?* Travaille-t-il (en ce moment) ?

- **Forme négative**
Pour obtenir la forme négative, on ajoute **not** après l'auxiliaire **be**.
*Peter **isn't watching** the match.* Peter ne regarde pas le match (en ce moment).

2 Complète les phrases suivantes à l'aide du *question tag* qui convient.

1. Carl's paying for the drinks, ...?
2. Your children collect stamps, ...?
3. Angela likes detective films, ...?
4. You don't remember it, ...?
5. You aren't listening to the radio, ...?

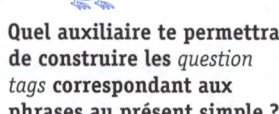

Quel auxiliaire te permettra de construire les *question tags* correspondant aux phrases au présent simple ?

Emplois du présent simple et du présent en *be + V-ing*

- Le **présent simple** sert à exprimer :
– des actions habituelles, répétées (les phrases contiennent alors souvent des adverbes de fréquence) ;
*They **often go** to the theatre.* Ils vont souvent au théâtre.

– des vérités, des faits permanents.
*The sun **rises** in the east.* Le soleil se lève à l'est.

Les verbes exprimant un sentiment, une volonté, une opinion (*want, know, understand*) se mettent également toujours au présent simple et jamais au présent en *be + V-ing*, car ce qu'ils expriment ne concerne pas seulement le moment présent.
*I **don't agree** with you.* Je ne suis pas d'accord avec toi.

- Le **présent en *be + V-ing*** s'emploie :
– pour parler d'actions qui se déroulent en ce moment ;
*He **is making** a cake.* Il fait un gâteau.

– avec des verbes de position ;
*I **am sitting** but Meg **is standing**.* Je suis assis mais Meg est debout.

– pour parler d'actions futures que l'on a déjà décidées.
*Stacy **is coming** next week.* Stacy vient la semaine prochaine.

3 Conjugue les verbes fournis au présent simple ou au présent en *be + V-ing* selon le cas.
Ex. : *Bill often TV. (watch)* → *Bill often watches TV.*

1. She always .... a speech on her birthday. (make)
2. They can't play cards now: They .... (work)
3. I often .... him books. (lend)
4. Be careful! You .... on my foot. (walk)
5. I .... your parents very well. (know)

Deux phrases contiennent des adverbes de fréquence. Quel temps dois-tu employer ?

4 Ted t'a laissé un message, mais des bruits bizarres t'ont empêché d'entendre certains mots. Pose les questions qui te permettront de comprendre son message.

1. I'm going to the ? – 2. I usually go to the library on ? – 3. I often borrow ? – 4. I like detective books very much because ? – 5. I am talking to the ? – 6. The librarian prefers ?

Certaines phrases sont au présent simple ; les autres sont au présent en *be + V-ing*. Tu ne dois pas utiliser le même auxiliaire pour construire tes questions.

....
....
....
....
....

14 Le groupe verbal
Prétérit simple, prétérit en *be + V-ing* ?

Le prétérit simple : forme affirmative

- Le prétérit des **verbes réguliers** se termine par **-ed** à toutes les personnes.
  arrive → arrived

  La terminaison doit s'entendre : on prononce **[d]** ou **[t]** selon la voyelle ou la consonne qui précède : *repair**ed*** [d], *ask**ed*** [t]. On prononce **[id]** lorsque la base verbale se termine par le son [t] ou [d] : *paint**ed***, *mend**ed***.

- Certains verbes ne forment pas leur prétérit en **-ed**. Ils ont une **forme irrégulière** qu'il faut apprendre par cœur. Cette forme est la même à toutes les personnes. Reporte-toi à la liste des principaux verbes irréguliers, page 17 du cahier central.

  take → I took, you took...   come → I came, you came...

1 Complète le texte ci-dessous en mettant ces verbes au prétérit simple : *follow – be (x 2) – arrest – get – buy – leave – go – see*

Sir Conan Doyle a écrit la série des Sherlock Holmes.

1. The detective .... in Baker Street when he .... the thief.
2. He .... him.
3. The thief .... into a taxi and .... to a bookshop.
4. He .... a book by Sir Conan Doyle.
5. But he .... very unlucky because Sherlock Holmes .... him when he .... the bookshop.

Le prétérit simple : formes interrogative et négative

Ces formes se construisent de la même manière pour les verbes réguliers et les verbes irréguliers. On utilise l'auxiliaire **did** (prétérit de *do*) à toutes les personnes : le verbe reste à la base verbale.

Did you **call** Jane yesterday? As-tu appelé Jane hier ?
I **didn't speak** to her. Je ne lui ai pas parlé.

2 Mets les phrases suivantes à la forme interrogative, puis négative.

1. They lived in the country. ....? ....
2. She gave him a watch. ....? ....
3. They were proud of her. ....? ....

Corrigés

Corrigés

1 Le groupe nominal
Les noms

1 Souligne les noms dénombrables en bleu et les indénombrables en noir.
1. I went to the butcher's to buy some meat, some sausages and some hamburgers.
2. Wendy, don't forget to stop at the grocer's to get some rice, eggs and salt.
3. When I go abroad I usually bring back some souvenirs to my children and friends.

• *Children* forme son pluriel de manière irrégulière, mais c'est un nom dénombrable.

2 Mets les noms soulignés au pluriel et fais les autres transformations nécessaires.
1. Her brush is in the bathroom. Her brushes are in the bathroom.
2. Don't put the knife and the glass on the floor. Don't put the knives and the glasses on the floor.
3. Look at that child! He is playing with a mouse. Look at those children! They are playing with mice.
4. Your baby is crying: Give him some milk. Your babies are crying: Give them some milk.
5. I met a nice woman at the concert. I met nice women at the concert.

• Même s'il est suivi d'un nom pluriel, le déterminant possessif *her* ne varie pas ; mais *he* devient *they* et *him* devient *them*.
• Remarque bien que les adjectifs sont invariables.

3 Compose huit phrases en reliant les éléments des trois colonnes.

1. His luggage • • A. quite long.
2. The children • • B. very modern.
3. Her hair • is • C. bringing letters.
4. All the people • • D. white and regular.
5. The postmen • are • E. very heavy.
6. His teeth • • F. talking to their children.
7. Their furniture • • G. playing in the garden.

1. E. His luggage **is** very heavy.
2. G. The children **are** playing in the garden.
3. A. Her hair **is** quite long.
4. F. All the people **are** talking to their children.
5. C. The postmen **are** bringing letters.
6. D. His teeth **are** white and regular.
7. B. Their furniture **is** very modern.

• *Hair*, *luggage* et *furniture* sont suivis d'un verbe au singulier, car ils désignent un ensemble.

4 Légende chaque dessin à l'aide d'un nom composé. Utilise certains des mots fournis. *sea - record - rain - book (x 2) - copy - tooth - bus - paste - side - coat - stop - shop*

• Ici seul, le nom composé *copy book* s'écrit en deux mots.

1. copy book

2. raincoat

3. bookshop

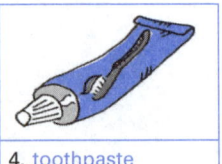
4. toothpaste

5. seaside

2 Le groupe nominal
Les déterminants

1 Complète avec *a*, *an* ou Ø.
1. Her boyfriend's father is **a** painter, his mother is **an** actress.
2. Rachel usually visits her grandmother once **a** month.
3. The plane will take off in half **an** hour.
4. I have read quite **a** good book.
5. We have visited **a** church and **Ø** museums.

● Vérifie que tu as bien placé l'article dans les expressions : *once **a** month, half **an** hour* et *quite **a** good book*.

2 Voici une liste de tâches à effectuer. Complète-la avec *a*, Ø ou *the*.
1. Buy **a** bottle of **Ø** milk.
2. Buy **a** pound of **Ø** apples.
3. Call **the** dentist.
4. Take **the** car to **the** garage.
5. Buy **the** cakes she likes.

● On emploie *the* devant *car* et *garage* car la voiture et le garage sont ceux définis par la situation d'énonciation. C'est la même chose pour *dentist* : on sait de quel dentiste on parle.

3 Complète avec *the* ou Ø.
1. My cousin never works on **Ø** Mondays.
2. She loves **the** coffee he makes.
3. It's 11 o'clock; **Ø** lunch isn't ready.
4. She goes to **Ø** school by **Ø** car.
5. **Ø** life is beautiful.
6. He'll go on **Ø** holiday **Ø** next month.
7. **The** President of **the** United States lives in Washington.
8. I saw him **Ø** last week.
9. I can't remember **the** beginning of **the** book.

● Phrases 2 et 9 : on emploie *the* devant les noms définis *coffee, beginning, book*.

4 Comment dirais-tu que... ?
1. la reine Elizabeth vit à Buckingham Palace.
Queen Elizabeth lives at Buckingham Palace.
2. il aime la musique du film.
He likes the music of the film.
3. Pamela enseigne l'allemand.
Pamela teaches German.
4. George prend toujours du café au petit déjeuner.
George always has coffee for breakfast.
5. le président des États-Unis est venu à Paris hier.
The President of the United States came to Paris yesterday.

● Phrase 1 : quand le nom *Queen* est suivi du nom propre, on ne met pas d'article.

Corrigés

3 Le groupe nominal
Les quantifieurs : *some, any, no*

1 Complète les phrases suivantes en employant *some*, *any* ou *no*.
1. I'm making a cake. Have you got **any** eggs?
2. We are too busy; we have **no** time.
3. There are **some** beautiful apple trees in his garden.
4. James didn't bring **any** CDs to the party.

- On emploie *any* dans la phrase 1, car on ne sait pas s'il y a des œufs.
- On emploie *any* dans la phrase 4, car c'est une phrase négative.

2 Complète le dialogue suivant avec *some*, *any* ou *no*.
– Waiter! What can you recommend? I'd like **some** fish.
– Sorry we have **no** fish today.
– Do you have **any** chicken?
– Sure, we make the best in town.
– So I'll have **some** chicken with **some** vegetables, please.
– Would you like **some** wine with it?
– Do you have **any** French wines?
– No, we haven't got **any**.
– So bring me a bottle of water with **some** ice.

- Quand le serveur dit : "Would you like some wine with it?", il emploie *some* car il fait une proposition.

3 Complète les phrases suivantes en employant un composé de *some*, *any* ou *no*.
1. It's Sunday. There's **nobody/ no one** at school.
2. Is there **anything** in the fridge?
3. My car is parked **somewhere** in the street.
4. Where's my bag? I can't find it **anywhere**.
5. Be careful! You're going to break **something**.

- On emploie *nobody* dans la phrase 1, car le dimanche (*Sunday*) personne ne va à l'école.
- La phrase 4 est négative, on emploie donc *anywhere*.

4 Complète cette publicité avec *everybody (everyone)*, *everything* ou *everywhere*.

> ★ COME INTO OUR SHOP! ★
> **Best bargains!**
> **Everything** must go.
> **Everybody** is welcome!
> Look **everywhere** and make your choice.

- La première phrase se traduit par : « Tout doit disparaître »

5 Comment dirais-tu que... ?
1. il n'y a personne derrière la porte.
There is nobody/ no one behind the door.
2. Paul a caché la clé quelque part dans la maison.
Paul has hidden the key somewhere in the house.
3. voulez-vous quelque chose à boire ?
Would you like something to drink?

- Dans la phrase 1, tu as le choix entre *nobody* et *not anybody* (moins fréquent dans cet emploi).
- Dans la phrase 3, qui exprime une offre, il faut employer *something* et non *anything*.

4 Le groupe nominal
Autres quantifieurs

1 **Complète les phrases suivantes en employant** *much, many, a little* **ou** *a few*.

1. I only bought **a few** biscuits.
2. He didn't bring **many** records to the party.
3. There's only **a little** orange juice in the fridge.
4. I don't have **much** money because I don't work.
5. I'm afraid there are only **a few** sweets for the guests.

● On emploie *a few* et *many* avec un dénombrable (*biscuits, records sweets*) et *a little* et *much* avec un indénombrable (*orange juice, money*).

2 **Complète les phrases suivantes en employant** *much, many* **ou** *enough*.

1. There are too **many** people in this restaurant.
2. He's very fat. He drinks too **much** beer.
3. I can't buy a house. I haven't got **enough** money.
4. He is fifteen. He isn't old **enough** to drive.
5. Don't buy so **many** cakes!

● *People* est un collectif désignant un pluriel : on emploie donc *many*.

3 **Utilise le signe * pour indiquer où tu pourrais insérer** *enough* **dans ce texte.**

Yesterday it was warm *enough and I decided to go shopping with Ann; but I couldn't buy anything because I didn't have *enough money. Ann had *enough euros to buy me an ice cream instead! I was lucky *enough....

● *Enough* se place avant un nom et après un adjectif.

4 **Complète les phrases suivantes en utilisant** *other, both, either ... or* **ou** *neither ... nor*.

1. I would like to visit **either** the museum **or** the exhibition. What's your choice?
2. At breakfast I drink **neither** tea **nor** coffee: I have some fruit juice.
3. **Both** books are interesting.
4. These shoes are too small; Give me the **other** ones.
5. I would like to see **both** the western and the detective film.

● Dans la phrase 4, *ones* remplace *shoes*.

Corrigés

5 Le groupe nominal
Les adjectifs qualificatifs

1. Construis des phrases avec ces mots dans le désordre.
1. gave / she / fresh / orange juice / me / a
   She gave me a fresh orange juice.
2. bottle / full / this / milk / of / I / broke / a
   I broke this bottle full of milk.
3. driving / he / dangerous / very / car / 's / a
   He's driving a very dangerous car.
4. vote / 's / enough / not / to / old / she
   She's not old enough to vote.
5. your / sister / can / next / come / earlier / Friday / ?
   Can your sister come earlier next Friday?
6. children / the / is / for / deep / swimming-pool / too / the / ?
   Is the swimming-pool too deep for the children?
7. old / is / bag / carrying / the / a / lady / heavy
   The old lady is carrying a heavy bag.
8. mysterious / hotel / they / a / frightening / spent / a / night / in
   They spent a frightening night in a mysterious hotel.

- Phrases 2 : *full of* est suivi d'un complément (*milk*) : il se place donc après le nom qu'il qualifie.
- Phrases 5 et 6 : dans ces phrases interrogatives, il faut placer les auxiliaires *can* et *is* en première position.

2. Choisis la bonne réponse.
1. Our new history teacher is interesting. He is interested in the Middle Ages.
2. Paul is shocked by Fred's reaction. Fred is sometimes really shocking.
3. Horror films are boring but I rarely get bored.
4. I worked too much yesterday; I am tired. Painting the ceiling was tiring.

- N'oublie pas que « s'intéresser à » se dit *be interested in*.

3. Comment dirais-tu que… ?
1. ton frère a peur de dormir seul.
   My brother is afraid of sleeping alone.
2. tu as été malade la semaine dernière.
   I was ill last week.
3. Elisa est réveillée, mais Sebastian est encore endormi.
   Elisa is awake, but Sebastian is still asleep.
4. ton professeur de piano est une femme aux yeux bleus.
   My piano teacher is a blue-eyed woman.
5. il y a une voiture rouge foncé devant le restaurant.
   There is a dark red car in front of/ outside the restaurant.

- *Afraid, ill, awake* et *asleep* se placent toujours après le verbe.
- *Blue-eyed* : note bien que le nom *eye* devient l'un des éléments de l'adjectif composé et prend un *d*. Pour l'adjectif composé *dark red*, vérifie que tu as bien mis les éléments dans le bon ordre.

6 Le groupe nominal
L'adjectif au comparatif

1 Compare les personnages à l'aide des adjectifs donnés. Inspire-toi de l'exemple.

> *As* peut être suivi indifféremment d'un adjectif long ou court.

Ex. : *patient* mother **−** father **+**
→ My mother is not as patient as my father.

funny brother **−** sister **+**
My brother is **not as funny as** my sister.

pretty the witch **−** the princess **+**
The witch is **not as pretty as** the princess.

careful Sam **−** Ben **+**
Sam is **not as careful as** Ben.

2 Construis des phrases logiques avec un comparatif d'infériorité à l'aide des adjectifs : *strong – adventurous – sunny – popular*.

> *Less* s'emploie indifféremment devant un adjectif long ou court.

1. A puppy / a dog A puppy is less strong than a dog.
2. My neighbour / Robbie William My neighbour is less popular than Robbie William.
3. My friend / Superman My friend is less adventurous than Superman.
4. Canada / California Canada is less sunny than California.

3 À partir de ces éléments, construis des phrases contenant un comparatif de supériorité.

> *Tasty* et *dirty* forment leur comparatif en *-ier*.

1. a cocktail / tasty / a soda A cocktail is tastier than a soda.
2. my dog / dirty / yours My dog is dirtier than yours.
3. a forest / big / a park A forest is bigger than a park.
4. caviar / expensive / ham Caviar is more expensive than ham.

4 Complète chaque phrase avec l'adjectif entre parenthèses au comparatif.

> Dans la phrase 3, on a l'idée de distance réelle avec le verbe *walk* : on emploie *farther*.

1. We all spoke Spanish but my friend spoke better.
2. His birthday party was worse than last year; we left earlier.
3. Walk a little farther and you'll find the store.
4. We need further details to complete your file.

Corrigés

7 Le groupe nominal
L'adjectif au superlatif

1 Donne le superlatif des adjectifs suivants.

1. early — the earliest
2. simple — the simplest
3. pleasant — the most pleasant
4. big — the biggest
5. boring — the most boring
6. powerful — the most powerful
7. quiet — the quietest
8. happy — the happiest
9. attractive — the most attractive
10. patient — the most patient

- Les adjectifs de deux syllabes terminés en -y forment leur superlatif en -iest.
- Boring et patient sont des adjectifs longs.

2 Ajoute la bonne préposition.

1. Charlize is the youngest pupil **in** this classroom.
2. Victor Hugo was the best writer **of** the century.
3. He is the most famous actor **in** the world.
4. This is the most surprising moment **of** my life.
5. It's the most expensive present **of** all.

- Classroom et world sont des lieux : on utilise la préposition in.

3 Compare les résultats de Jim et Jenny en utilisant des superlatifs irréguliers.

	French	Maths	English
Jim	12	16	9
Jenny	17	10	14
Bob	15	18	8

Jim is **the worst** in French.
Jenny is **the worst** in maths.
Bob **is the best in** maths.
Jenny **is the best in** French.
Jenny **is the best in** English.
Bob **is the worst in** English.

- To be the worst/ best in : être le plus mauvais/ le meilleur en.

4 À partir des éléments ci-dessous, construis des phrases contenant un superlatif.

1. These are / high / buildings I've ever seen. **These are the highest buildings I've ever seen.**
2. This is / good / rap group in the world. **This is the best rap group in the world.**
3. This is / old / castle in the region. **This is the oldest castle in the region.**
4. This is / bad / film I've ever seen. **This is the worst film I've ever seen.**
5. This is / patient / teacher in the school. **This is the most patient teacher in the school.**

- On emploie the most devant patient car patient est un adjectif long.
- World, region et school sont des lieux : on utilise la préposition in.

5 À partir des éléments ci-dessous, forme des phrases en utilisant certains de ces adjectifs au superlatif : long - short - near - far - high - low.

1. The Great Wall is **the longest monument in the world.**
2. The Sears Tower in Chicago **is the highest building in the world.**
3. Mount Everest **is the highest mountain in the world.**
4. The Mississippi river **is the longest river in the world.**

- Il y avait quatre adjectifs intrus : short (court), near (près), far (éloigné) et low (bas).

8 Le groupe nominal
Les pronoms personnels et réfléchis

1 **Complète avec un pronom personnel complément.**

1. The thief is running away. Stop **him** ! – 2. She's got a problem. Can you help **her**? – 3. Would you like to come with **us**? We're going to the cinema. – 4. I'm speaking. Listen to **me**, please! – 5. I've bought a new dress. Do you like **it**? – 6. This cake is delicious. Taste **it** ! – 7. Call **me** tonight, I have got something to tell you. – 8. John and Mary! Daddy brought **you** a present. – 9. Bring **us** some water. We're thirsty. – 10. Wait for **me** I'm coming.

● Attention : les noms de choses sont féminins ou masculins en français. En anglais, ils sont neutres.

2 **Complète avec un pronom personnel sujet ou complément.**

1. Where are the bus-drivers? **They** are at the restaurant.
2. Buy this dictionary: **It**'s not expensive.
3. Children mustn't drink wine. It's bad for **them**.
4. Take your umbrella, **it** may rain.
5. Call **us** tonight: We'll be at home.

● Note que seuls les pronoms personnels *you* et *it* peuvent être à la fois sujets et compléments.

3 **Construis des phrases avec ces mots dans le désordre.**

1. they / us / to / talking / were **They were talking to us.**
2. he / shopping / 's / his / doing **He's doing his shopping.**
3. me / forgot / call / to / she **She forgot to call me.**
4. will / party / at / he / her / see / the **He will see her at the party.**

● Vérifie que tu as bien placé les pronoms compléments *me* et *her* après le verbe, *us* après la préposition *to*.

4 **Indique à quel dessin correspond chacune de ces phrases.**

- She is painting the ceiling herself. dessin n° 4
- He cut himself. dessin n° 3
- She is looking at herself. dessin n° 1
- They enjoyed themselves. dessin n° 2

● Retiens bien la construction du verbe *enjoy oneself*, qui signifie « s'amuser ».

Corrigés

9 Le groupe nominal
L'expression de la possession

1 Complète avec un déterminant possessif.
1. Henry has just gone out. He has forgotten **his** umbrella.
2. Bill and I are going to leave soon. We are packing **our** suitcases.
3. I love Paul but I don't like **his** dog.
4. Samantha forgot **her** bag at the party yesterday.
5. Put the rabbit in **its** box!

● Phrase 5 : le déterminant possessif qui renvoie à un possesseur animal est neutre. On peut cependant employer le masculin ou le féminin pour un animal domestique.

2 Construis le génitif comme dans l'exemple.
1. My friends have got a jeep. It's my friends' jeep.
2. Mrs Stanford has got a new nephew. He's Mrs Stanford's new nephew.
3. The boys have got an electric train. It's the boys' electric train.
4. The headmaster has got an office. It's the headmaster's office.
5. Elizabeth has got dogs. They're Elizabeth's dogs.

● *Friends* et *boys* sont au pluriel : on n'ajoute que l'apostrophe.

3 Comment dirais-tu que… ?
1. la valise de ce touriste est perdue. This tourist's suitcase is lost.
2. ce sont les vélos des enfants. They're the children's bikes.
3. ils ont perdu la clé du coffre. They have lost the key of the safe.
4. tu aimes l'appartement de ta cousine. I like my cousin's flat.
5. la chambre de tes frères est agréable. My brothers' bedroom is pleasant.

● Phrase 3 : on n'emploie pas le cas possessif avec un nom d'objet concret (coffre).

4 À partir des deux éléments donnés, reconstitue la question et la réponse correspondante.

1. Robert / moped
Whose moped is it?
It's Robert's. It's his.
2. her parents / TV
Whose TV is it? It's her parents'.
It's theirs.
3. his grandparents / radio
Whose radio is it?
It's his grandparents'. It's theirs.
4. the children / toys
Whose toys are they?
They're the children's. They're theirs.
5. Judy / skirt
Whose skirt is it? It's Judy's. It's hers.

● *Whose* (à qui) est directement suivi du nom de l'objet possédé.

10 Le groupe nominal
Les pronoms relatifs

1 Complète les phrases suivantes avec *who* ou *which*.
1. He broke a vase which was expensive.
2. Look at the cassette which is on the desk.
3. Bill wants to go to a university which is in California.
4. Mr Brown is the man who lives next door.
5. The woman who wrote this book is my teacher.

● Dans toutes ces phrases, la relative est déterminative : on pourrait donc employer *that* à la place de *who* et *which*.

2 À partir des deux phrases données, construis une seule phrase contenant une subordonnée relative.
1. I have a friend. He's an actor. I have a friend who is an actor.
2. There's a film. I'd like to see it. There's a film which/ Ø I'd like to see.
3. I know a man. He's an archaeologist. I know a man who is an archaeologist.
4. They live in a house. It's very comfortable. They live in a house which is very comfortable.

● On ne peut sous-entendre le pronom que dans la phrase 2 : c'est la seule phrase où le pronom relatif est complément et la subordonnée relative, déterminative.

3 Reconstitue les phrases suivantes. Puis entoure le numéro des phrases dans lesquelles on peut supprimer le pronom relatif.

(1.) This is the biggest museum • • A. which comes from Brighton.
2. We'll take the train • • B. that she has ever visited.
(3.) I don't like the film • • C. which I bought in China.
(4.) I've got a ring • • D. that she is talking to?
(5.) Do you know the man • • E. that I saw yesterday.
6. Look at the girl • • F. who is running.

● Note bien la place de la préposition dans la phrase : *do you know the man she is talking to?* Elle est rejetée en fin de proposition.

4 Complète le texte ci-dessous avec des pronoms relatifs ou Ø.

Yesterday I was driving my car when I saw a man who/ that was hitchhiking. I noticed him because he was carrying a bag which/ that seemed too big for him. The girl who(m)/ that/ Ø he was talking to was tall and blond. The car which/ that/ Ø I was driving was too small for three; so I didn't take them.
When I got back home in the evening I recognized the two persons who/ that were sitting on my sofa. They were the two hitchkikers and they were speaking with my husband; the man was actually his cousin who(m)/ that/ Ø he hadn't seen in years. I looked at them and smiled.

● Dans l'avant-dernière phrase, la relative permet de savoir de quel cousin on parle : il s'agit d'une relative déterminative. On peut donc sous-entendre le pronom relatif, ou employer *that* au lieu de *who(m)*.

Corrigés

11 Le groupe nominal
Les prépositions

1 **Construis des phrases avec ces mots dans le désordre.**
1. clouds / the / flying / the / is / over / plane
The plane is flying over the clouds.
2. door / are / John and Betty / sitting / between / and / the / window / the
John and Betty are sitting between the door and the window.
3. Peter / ice-rink / with / is / to / going / brother / his / the
Peter is going to the ice rink with his brother.

- *Fly over* : voler au dessus de.
- *To* employé avec le verbe *go to* indique une direction.

2 **Complète les phrases suivantes en choisissant parmi les prépositions suivantes :** like – by – of – since – instead of – for – last – with.
1. I like travelling **by** train.
2. They went to the mountains **instead of** going to the seaside.
3. Would you like to come **with** us?
4. I worked **for** three hours.
5. What is the title **of** the film?

- *Instead of* est suivi d'une base verbale + *-ing*.

3 **Comment dirais-tu que… ?**
1. la librairie est entre le cinéma et la boulangerie.
The bookshop is between the cinema and the baker's.
2. elle ne parle pas français. Elle vient d'Angleterre.
She doesn't speak French. She comes from England.
3. ses amis se sont moqués de lui.
His friends laughed at him.
4. il attend sa sœur dans la rue.
He's waiting for his sister in the street.
5. ils vont en Italie tous les ans.
They go to Italy every year.

- *From* indique le lieu d'où l'on vient.

12 Le groupe verbal
Be, have et have got

1) Comment dirais-tu que… ?
1. Paul aura 15 ans demain. Paul will be 15 tomorrow.
2. ils avaient très chaud et soif. They were very hot and thirsty.
3. tu as froid et tu as sommeil. I am cold and sleepy.
4. il a peur des chiens et des chats. He is afraid of dogs and cats.
5. le père de Paul pense qu'il a toujours raison. Paul's father thinks that he is always right.

● N'oublie pas qu'en anglais toutes ces expressions se construisent avec *be*.
Dans la phrase 5, *that* introduit une subordonnée complétive, on peut le supprimer.

2) Complète les phrases suivantes avec *be* ou *have* à la forme qui convient.
1. Larry can drive because he is eighteen.
2. Jackie has a bath every morning.
3. Come with us. Let's have a drink.
4. This is a good answer. You are right.
5. I didn't have a violin lesson yesterday.

● Phrases 2, 3, 5 : on emploie *have* ; selon l'expression dans laquelle le verbe figure, il signifie prendre un bain (*have a bath*), prendre une boisson (*have a drink*) ou prendre un cours (*have a lesson*).

3) Cécilia a rendez-vous avec Barney, mais il y a beaucoup de monde. Aide-la à le retrouver en remplaçant, lorsque c'est possible, le 's par *has* ou *is*.
1. Barney's glasses are blue.
2. Barney's got five roses in his right hand. has
3. Barney's not very fat. is
4. Barney's hat's grey. is (après *hat*)
5. Barney's got a newspaper in his left pocket. has
6. Barney's wearing a tie. is
7. Barney's shoes aren't black and white.

Barney est donc le personnage qui se trouve en bas à droite.

● Les phrases 1, 4 et 7 expriment une idée de possession. Le 's, immédiatement suivi d'un nom, correspond au cas possessif.
● Les phrases 2 et 5 expriment une idée de possession avec *got*. Le 's est la contraction de *has*.
● Dans la phrase 3, 's est suivi d'un groupe adjectival, 's est donc la contraction de *is*, suivi d'un attribut.
● Dans la phrase 6, 's est suivi d'une forme en *-ing*, 's est donc la contraction de *is*, utilisé au présent en *be + V-ing*.

Corrigés

13 Le groupe verbal
Présent simple, présent en *be + V-ing* ?

1 Construis des phrases au présent simple avec ces mots dans le désordre. Il y a un mot en trop dans chaque série. Dis pourquoi tu ne peux pas l'utiliser.

1. do / your / does / what / friend / Canadian / neighbours?
What does your Canadian friend do?
Intrus : **neighbours** ; l'auxiliaire *does* exige un sujet à la 3ᵉ personne du singulier.
2. meat / doesn't / eat / my / American / eats / cousin.
My American cousin doesn't eat meat.
Intrus : **eats** ; la phrase contient l'auxiliaire *doesn't*, le verbe doit donc être à la base verbale.
3. always / her /Tuesday / she /Tuesdays / on / washes / hair.
She always washes her hair on Tuesdays.
Intrus : **Tuesday** ; *on Tuesdays* : le mardi.

• Phrase 3 : pour parler du mardi en général (tous les mardis), on doit mettre un *s* à *Tuesdays*. Si on parlait d'un seul mardi, la phrase ne serait pas au présent simple.

2 Complète les phrases suivantes à l'aide du *question tag* qui convient.

1. Carl's paying for the drinks, isn't he?
2. Your children collect stamps, don't they?
3. Angela likes detective films, doesn't she?
4. You don't remember it, do you?
5. You aren't listening to the radio, are you?

• Les phrases 1 et 5 sont au présent *be + V-ing*. On reprend l'auxiliaire *be* pour construire les *question tags*.
• Les phrases 2, 3 et 4 sont au présent simple. On doit utiliser l'auxiliaire *do* pour construire les *question tags*.

3 Conjugue les verbes fournis au présent simple ou au présent en *be + V-ing* selon le cas.

1. She always makes a speech on her birthday.
2. They can't play cards now: They are working.
3. I often lend him books.
4. Be careful! You're walking on my foot.
5. I know your parents very well.

• Les adverbes de fréquence (*always, often*) nous montrent qu'il s'agit d'une action habituelle, on emploie le présent simple.
• Phrase 5 : le verbe *know* ne se met jamais au présent en *be + V-ing* car ce qu'il exprime ne concerne pas seulement le moment présent.

4 Ted t'a laissé un message, mais des bruits bizarres t'ont empêché d'entendre certains mots. Pose les questions qui te permettront de comprendre son message.

1. I'm going to the ?
2. I usually go to the library on ?
3. I often borrow ?
4. I like detective books very much because ?
5. I am talking to the ?
6. He prefers ?
Where are you going?
When do you usually go to the library?
What do you often borrow?
Why do you like detective books?
Who are you talking to?
What does he prefer?

• Dans les questions 2 et 3, l'adverbe de fréquence se place entre le sujet et le verbe.

Tableaux de conjugaison

N. B. : Seules les formes pleines figurent dans les tableaux ci-dessous. Pour les formes contractées, reporte-toi aux leçons correspondant aux verbes et aux temps cités.

Be

	PRÉSENT	PRÉTÉRIT	PRESENT PERFECT
Forme affirmative	I am you are he, she, it is we are you are they are	I was you were he, she, it was we were you were they were	I have been you have been he, she, it has been we have been you have been they have been
Forme interrogative	am I ? are you? is he, she, it? are we? are you? are they?	was I? were you? was he, she, it? were we? were you? were they?	have I been? have you been? has he, she, it been? have we been? have you been? have they been?
Forme négative	I am not you are not he, she, it is not we are not you are not they are not	I was not you were not he, she, it was not we were not you were not they were not	I have not been you have not been he, she, it has not been we have not been you have not been they have not been

Play

	PRÉSENT SIMPLE	PRÉTÉRIT SIMPLE	PRESENT PERFECT
Forme affirmative	I play you play he, she, it plays we play you play they play	I played you played he, she, it played we played you played they played	I have played you have played he, she, it has played we have played you have played they have played
Forme interrogative	do I play? do you play? does he, she, it play? do we play? do you play? do they play?	did I play? did you play? did he, she, it play? did we play? did you play? did they play?	have I played? have you played? has he, she, it played? have we played? have you played? have they played?
Forme négative	I do not play you do not play he, she, it does not play we do not play you do not play they do not play	I did not play you did not play he, she, it did not play we did not play you did not play they did not play	I have not played you have not played he, she, it has not played we have not played you have not played they have not played

Verbe irrégulier : *speak*

	PRÉSENT SIMPLE	PRÉTÉRIT SIMPLE	PRESENT PERFECT
Forme affirmative	I speak you speak he, she, it speaks we speak you speak they speak	I spoke you spoke he, she, it spoke we spoke you spoke they spoke	I have spoken you have spoken he, she, it has spoken we have spoken you have spoken they have spoken
Forme interrogative	do I speak? do you speak? does he, she, it speak? do we speak? do you speak? do they speak?	did I speak? did you speak? did he, she, it speak? did we speak? did you speak? did they speak?	have I spoken? have you spoken? has he, she, it spoken? have we spoken? have you spoken? have they spoken?
Forme négative	I do not speak you do not speak he, she, it does not speak we do not speak you do not speak they do not speak	I did not speak you did not speak he, she, it did not speak we did not speak you did not speak they did not speak	I have not spoken you have not spoken he, she, it has not spoken we have not spoken you have not spoken they have not spoken

Play - aspect en *be* + *V-ing*

	PRÉSENT EN *be* + *V-ing*	PRÉTÉRIT EN *be* + *V-ing*
Forme affirmative	I am playing you are playing he, she, it is playing we are playing you are playing they are playing	I was playing you were playing he, she, it was playing we were playing you were playing they were playing
Forme interrogative	am I playing? are you playing? is he, she, it playing? are we playing? are you playing? are they playing?	was I playing? were you playing? was he, she, it playing? were we playing? were you playing? were they playing?
Forme négative	I am not playing you are not playing he, she, it is not playing we are not playing you are not playing they are not playing	I was not playing you were not playing he, she, it was not playing we were not playing you were not playing they were not playing

Liste des verbes irréguliers

Base verbale	Prétérit	Participe passé	Sens
be	was / were	been	*être*
beat	beat	beaten	*battre*
become	became	become	*devenir*
begin	began	begun	*commencer*
bite	bit	bitten	*mordre*
break	broke	broken	*casser*
bring	brought	brought	*apporter*
build	built	built	*construire*
burn	burnt	burnt	*brûler*
buy	bought	bought	*acheter*
catch	caught	caught	*attraper*
choose	chose	chosen	*choisir*
come	came	come	*venir*
cost	cost	cost	*coûter*
cut	cut	cut	*couper*
do	did	done	*faire*
draw	drew	drawn	*dessiner*
dream	dreamt	dreamt	*rêver*
drink	drank	drunk	*boire*
drive	drove	driven	*conduire*
eat	ate	eaten	*manger*
fall	fell	fallen	*tomber*
feed	fed	fed	*nourrir*
feel	felt	felt	*(se) sentir*
fight	fought	fought	*se battre*
find	found	found	*trouver*
fly	flew	flown	*voler*
forbid	forbade	forbidden	*interdire*
forget	forgot	forgotten	*oublier*
forgive	forgave	forgiven	*pardonner*
freeze	froze	frozen	*geler*
get	got	got	*devenir ; obtenir*
give	gave	given	*donner*
go	went	gone	*aller*
grow	grew	grown	*grandir ; pousser*
have	had	had	*avoir*
hear	heard	heard	*entendre*
hide	hid	hidden	*(se) cacher*
hit	hit	hit	*frapper*
hold	held	held	*tenir*
hurt	hurt	hurt	*(se) blesser, faire mal*
keep	kept	kept	*garder*
knit	knit	knit	*tricoter*
know	knew	known	*savoir ; connaître*

Base verbale	Prétérit	Participe passé	Sens
lay	laid	laid	*poser ; mettre (la table)*
learn	learnt	learnt	*apprendre*
leave	left	left	*quitter ; partir ; laisser*
let	let	let	*permettre ; laisser*
lie	lay	lain	*être allongé*
lose	lost	lost	*perdre*
make	made	made	*faire*
mean	meant	meant	*vouloir dire*
meet	met	met	*(se) rencontrer*
overtake	overtook	overtaken	*dépasser*
pay	paid	paid	*payer*
put	put	put	*mettre*
read	read	read	*lire*
ride	rode	ridden	*aller à cheval ; à bicyclette*
ring	rang	rung	*sonner ; téléphoner*
run	ran	run	*courir*
say	said	said	*dire*
see	saw	seen	*voir*
sell	sold	sold	*vendre*
send	sent	sent	*envoyer*
sew	sewed	sewn	*coudre*
shake	shook	shaken	*secouer*
shine	shone	shone	*briller*
shoot	shot	shot	*tirer ; fusiller*
show	showed	shown	*montrer*
shut	shut	shut	*fermer*
sing	sang	sung	*chanter*
sit	sat	sat	*être assis*
sleep	slept	slept	*dormir*
smell	smelt	smelt	*sentir (odorat)*
speak	spoke	spoken	*parler*
spell	spelt	spelt	*épeler*
spend	spent	spent	*dépenser ; passer du temps*
stand	stood	stood	*être debout*
steal	stole	stolen	*voler (dérober)*
swear	swore	sworn	*jurer*
sweep	swept	swept	*balayer*
swim	swam	swum	*nager*
take	took	taken	*prendre*
teach	taught	taught	*enseigner*
tell	told	told	*dire*
think	thought	thought	*penser*
throw	threw	thrown	*lancer ; jeter*
understand	understood	understood	*comprendre*
wake (up)	woke (up)	woken (up)	*(se) réveiller*
wear	wore	worn	*porter (un vêtement)*
win	won	won	*gagner*
write	wrote	written	*écrire*

Corrigés

14 Le groupe verbal
Prétérit simple, prétérit en *be + V-ing* ?

1 Complète le texte ci-dessous en mettant ces verbes au prétérit simple :
follow – be (× 2) – arrest – get – buy – leave – go – see.

1. The detective was in Baker Street when he saw the thief.
2. He followed him.
3. The thief got into a taxi and went to a bookshop.
4. He bought a book by Sir Conan Doyle.
5. But he was very unlucky because Sherlock Holmes arrested him when he left the bookshop.

- On ajoute la terminaison *-ed* aux verbes *follow* et *arrest* pour construire leur prétérit. Tous les autres verbes sont irréguliers. Tu peux vérifier leur forme au prétérit dans la liste des verbes irréguliers.
- Sherlock Holmes, qui est un personnage de fiction créé par le célèbre Sir Conan Doyle, était censé habiter au *221, Baker Street* à Londres. C'est d'ailleurs à cette adresse que se trouve le musée Sherlock Holmes.

2 Mets les phrases suivantes à la forme interrogative, puis négative.

1. They lived in the country.
Did they live in the country? No, they didn't live in the country.
2. She gave him a watch.
Did she give him a watch? No, she didn't give him a watch.
3. They were proud of her.
Were they proud of her? No, they weren't proud of her.

- La forme interrogative du prétérit se construit toujours avec l'auxiliaire *did* / sujet / verbe à la base verbale. Seul l'auxiliaire *be* n'a pas la même construction : on fait passer *was* ou *were* avant le sujet pour obtenir la forme interrogative (phrase 3).

3 Réponds aux questions suivantes en utilisant le complément de temps donné et *ago*.

1. When did Angela win the cup? (two months) She won the cup two months ago.
2. When did you visit China? (four years) I visited China four years ago.
3. When did Helen buy the tickets? (three days) She bought the tickets three days ago.

- *Ago* se place toujours après l'unité de temps, et s'emploie toujours avec le prétérit simple.
- Dans la réponse, c'est le verbe qui porte la marque du prétérit.

4 Mets les mots dans le bon ordre et construis des propositions reliées par *when*.

1. having / she / bath / a / was
2. on / the / jumping / they / bed / were
3. broke / plate / a / he

when

- he / cooking / was
- knocked / door / the / someone / at
- father / their / arrived

1. She was having a bath when someone knocked at the door.
2. They were jumping on the bed when their father arrived.
3. He broke a plate when he was cooking.

- Le verbe au prétérit en *be + V-ing* peut se trouver dans la première ou la seconde partie de la phrase.

Corrigés

15 Le groupe verbal
Le *present perfect*

1 Que s'est-il passé entre la première et la seconde image ? Légende la seconde image à l'aide du verbe *buy* au *present perfect*.

1. 2. They have bought a new car.

● Note que le *present perfect* permet de parler d'une action passée qui a des conséquences sur le présent (voir unité 16).

2 Construis avec les éléments donnés des phrases au *present perfect*.
1. my cousin / buy / a new racket My cousin has bought a new racket.
2. Philip / lose / his key Philip has lost his key.
3. I / finish / my exercise I have finished my exercise.
4. they / write / a long letter They have written a long letter.

● Toutes les phrases ont la même construction : sujet + auxiliaire *have* conjugué au présent + verbe au participe passé + complément.

3 En attendant les invités, toute la famille s'est activée. Complète les phrases en mettant les verbes donnés au *present perfect* pour savoir ce que chacun a fait.
1. Mr Jones has tidied the living room.
2. Angela has made a fruit salad.
3. Bill and Jane have bought the bread.
4. Karen has watered the plants
5. And Mrs Jones has had a long, relaxing bath.

● Note bien que pour les verbes *tidy* et *empty* (terminés par consonne + *y*), on a changé le *y* en *i* devant la terminaison *–ed*.

4 Construis la question comme dans l'exemple donné et réponds-y par oui.
1. your parents / paint / their bedroom. Have your parents painted their bedroom? –Yes, they've just painted it.
2. you / take / your umbrella Have you taken your umbrella?
– Yes, I've just taken it.
3. Mary / drink / her glass of milk. Has Mary drunk her glass of milk?
– Yes, she has just drunk it.
4. Bill and Bob / invite / Susan Have Bill and Bob invited Susan?
– Yes, they've just invited her.
5. Teddy / repair / his moped. Has Teddy repaired his moped?
– Yes, he has just repaired it.

● Dans les réponses, on emploie *just* avec le *present perfect* pour montrer que l'action vient de se produire.

5 Complète les phrases suivantes en utilisant *for* ou *since*.
1. They have been married since last September.
2. She has been a photographer for two years.
3. We have known them for three months.

● On traduirait ces verbes au *present perfect* par des présents en français.

16 Le groupe verbal
Prétérit simple ou *present perfect* ?

1 Un bruit bizarre t'a empêché d'entendre une partie de la phrase. Pose la question qui te permettra de comprendre de quoi il s'agit.

1. The book was on the ❓ Where was the book?
2. He arrived last ❓ When did he arrive?
3. Tim gave me a ❓ two days ago. What did he give you two days ago?
4. Calvin called his ❓ yesterday. Who did he call yesterday?
5. Richard brought some ❓ What did he bring?
6. The children were frightened because ❓ Why were they frightened?

• Les phrases 1 et 6 contiennent l'auxiliaire *be*. Pour construire les questions, on fait passer l'auxiliaire avant le sujet. Les autres phrases ne contiennent pas d'auxiliaire. Pour construire les questions, on fait appel à l'auxiliaire *did* et on remet le verbe à la base verbale.

2 Pose la question et réponds par oui en utilisant le complément de temps donné.

1. Jim / drink / champagne / two weeks ago
Has Jim ever drunk champagne?
– Yes, he drank champagne two weeks ago.
2. your friends / visit / the Science Museum / ten days ago
Have your friends ever visited the Science Museum?
– Yes, they visited the Science Museum two weeks ago.
3. you / take / the Eurostar / two years ago
Have you ever taken the Eurostar?
– Yes, I took it two years ago.

• Dans les questions, on fait un bilan sans s'intéresser au moment où les actions concernées se sont produites. On emploie donc le *present perfect*.
• Dans les réponses, on précise à quel moment du passé ces actions ont été accomplies. On utilise donc le prétérit.

3 Comment dirais-tu que… ?

1. Sally est journaliste depuis quatre ans.
Sally has been a journalist for four years.
2. elle est déjà allée en Espagne.
She has already been to Spain.
3. elle est y allée il y a trois ans.
She went there three years ago.
4. elle a visité les États-Unis quand elle avait quinze ans.
She visited the United States when she was fifteen.
5. mais elle n'est jamais allée à San Francisco.
But she has never been to San Francisco.

• Phrase 1 : on parle d'une action commencée dans le passé qui continue dans le présent. On précise sa durée. On utilise le *present perfect* avec *for*.
• Phrases 2 et 5 : on parle des expériences que Sally a déjà faites ou non dans sa vie sans s'intéresser au moment où elle les a faites. On utilise aussi le *present perfect*.

4 Mets les verbes donnés entre parenthèses au *present perfect* ou au prétérit.

1. Pat visited this museum last year.
2. We haven't seen that film yet.
3. My teacher has translated many books.
4. My parents woke up late yesterday.
5. Bob took the plane two weeks ago.

• La phrase 2 contient la locution *not… yet* (pas encore) : elle établit un lien entre le passé et le présent. On utilise donc le *present perfect*

Corrigés

17 Le groupe verbal
L'expression de l'avenir

1 **Regarde l'agenda de Ralph et complète les phrases pour dire ce qu'il va faire jeudi.**

1. Next Thursday, Ralph is going to play tennis at half past four.
2. He is going to take his car to the garage.
3. He is going to have dinner with Jenny at 7.00 o'clock.
4. Then they are going to see a detective film together.
5. He isn't going to go to the dentist's.

• L'auxiliaire *be* s'accorde avec le sujet, mais l'expression *going to* est invariable.

2 **Trouve les questions qui correspondent aux réponses données (tiens compte des groupes de mots soulignés).**

1. What time is she leaving? She's leaving at half past ten.
2. Are you going to invite the Millers? No, I'm not going to invite the Millers.
3. What are you going to do next Saturday? Next Saturday? I'm going to go shopping.
4. When are they going to call you? They're going to call me tomorrow.
5. Is Robert taking the train next Friday? Robert? Yes, he's taking the train next Friday.

• Les phrases 2 et 5 contiennent *no* et *yes* dans leur réponse. On pose donc une *yes-no question* (sans mot interrogatif).

3 **Relie la réponse à la question correspondante.**

1. Is she coming tonight?
2. Will John do the shopping?
3. Who will take the dog out?
4. Are they going to clean the car?
5. What will she do tomorrow?
6. Will they talk to him?

A. Yes, they are.
B. The children will.
C. No, he'll stay at home.
D. She'll go swimming.
E. No, they won't.
F. No, she isn't.

• Quatre questions contiennent l'auxiliaire *will*. Tu dois retrouver *will* (forme entière ou forme contractée) ou *won't* dans les réponses. Choisis en fonction des sujets.
• La question 3 porte sur le sujet. La réponse contient donc uniquement le sujet et la reprise de l'auxiliaire.

4 **Réponds aux questions suivantes. Utilise *as soon as* dans la 3ᵉ phrase.**

1. When will she buy a new car? (have enough money)
She'll buy a new car when she has enough money.
2. When will she take her driving test? (be eighteen)
She will take her driving test when she is eighteen.
3. When will she speak to the teacher? (see him)
She will speak to the teacher as soon as she sees him.

• Toutes les phrases doivent contenir le futur avec *will* + base verbale dans la principale et le présent dans la subordonnée de temps. En français, on utilise le futur dans la subordonnée de temps comme dans la principale.

18 Le groupe verbal
L'impératif

1 À l'entrée du parc, la mère de Jennifer lui rappelle tout ce qu'elle n'a pas le droit d'y faire. Transforme ses recommandations en utilisant l'impératif.
1. You mustn't skate.
Don't skate.
2. You mustn't ride your bike.
Don't ride your bike.
3. You mustn't walk on the grass.
Don't walk on the grass.
4. You mustn't play with your ball.
Don't play with your ball.
5. You mustn't feed the ducks.
Don't feed the ducks.
6. You mustn't talk to anybody.
Don't talk to anybody.

● Toutes ces phrases représentent des interdictions. Elles contiennent toutes *don't* suivi de la base verbale.

2 Complète les phrases suivantes en employant l'impératif à la forme affirmative ou négative.
1. It's raining, take your umbrella.
2. You're not well, don't go to the swimming-pool.
3. You're late, don't play computer games now.
4. You must be hungry, have a sandwich.
5. Go to bed, don't sleep in the armchair.

● Certaines de ces phrases pourraient s'adresser à plusieurs personnes : il n'y a pas de différence entre la deuxième personne du singulier et la deuxième personne du pluriel.
● Dans la phrase 4, *eat your sandwich* est également une réponse possible.

3 Construis des phrases comme dans l'exemple.
1. Shall we invite John? That's a good idea, let's invite him!
2. I want to go to the seaside. That's a good idea, let's go to the seaside!
3. Why don't we hire a boat? That's a good idea, let's hire a boat!
4. I'd like to dance. That's a good idea, let's dance!
5. Shall we buy an ice cream? That's a good idea, let's buy an ice cream!

● Toutes les phrases contiennent *let's* suivi de la base verbale : elles servent ici à montrer que l'on est d'accord.

4 Comment dirais-tu à un ami... ?
1. de ne rien dire à personne parce que c'est un secret.
Don't tell anyone because it's a secret.
2. d'appeler son frère.
Call your brother.
3. de venir jouer avec toi
Come and play with me.
4. de ne pas aller à l'école s'il a mal à la tête.
Don't go to school if you have a headache.

Comment lui proposerais-tu... ?
5. de jouer au tennis avec toi.
Let's play tennis!
6. d'aller à la piscine avec toi.
Let's go to the swimming-pool!

● Selon qu'il s'agit d'une demande ou d'une suggestion incluant la personne qui parle ou pas, on emploie la base verbale seule ou la structure *let's* + base verbale.
● Dans la phrase 1, on aurait pu employer *anybody* au lieu de *anyone*.

Corrigés

19 Le groupe verbal
Les modaux (1)

1 Coche les bonnes réponses.

1. Les auxiliaires modaux peuvent se mettre au futur. ☐ vrai ☑ faux
2. Tu veux dire qu'il ne sait pas jouer aux échecs. Avec quelle forme du verbe play dois-tu compléter la phrase : *He can't... chess?*

☐ to play ☑ play ☐ playing

• Comme les auxiliaires modaux ne peuvent pas se conjuguer au futur, il faut alors utiliser leurs équivalents.

2 Sam avait un tas de projets pour les vacances mais il vient de se casser une jambe ! Regarde le tableau et complète les instructions que lui donne le médecin.

	Today	Tomorrow	Next month
Listen to music	YES		
Dance rock'n'roll	NO		
Play video games	YES		
Play football		NO	YES
Go to the disco	NO		NO

You can listen to music today but you can't dance rock'n'roll. You can play video games. You won't be able to play football tomorrow but you will be able to play football next month. You can't go to the disco today and you won't be able to go to the disco next month either. I know your parents!

• On emploie *can/ can't* pour exprimer la capacité/ l'incapacité dans le présent. Pour exprimer les mêmes notions dans le futur, on emploie *will be able to* et *won't be able to*.
• Cette incapacité peut relever d'une interdiction (voir la dernière phrase).

3 Complète les phrases en utilisant *can* ou *could* à la forme affirmative ou négative.

1. Gladys was very sporty when she was young; she could skate very well.
2. She's sorry but she can't come to your birthday party.
3. She could wear those jeans three months ago but she can't wear them today; they're too tight.

• Phrase 3 : on oppose le passé au présent en parlant de ce qu'on était capable de faire dans le passé alors que cela est impossible maintenant. On emploie *could* puis *can't*.

4 Comment proposerais-tu à des amis... ?

1. d'aller au cinéma. Shall we go to the cinema?
2. d'écouter de la musique. Shall we listen to music?

• *Shall* traduit la suggestion, la proposition.

20 Les modaux (2)
Le groupe verbal

1 Suis les indications données pour te déplacer sur le plan. Où arrives-tu ?

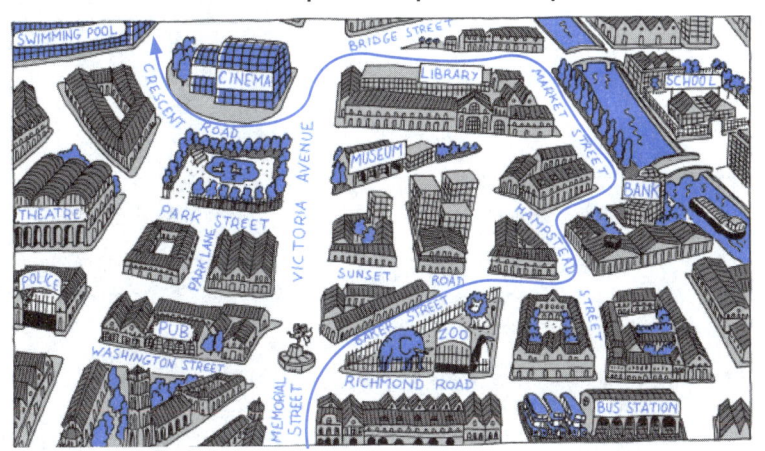

● Pour donner des indications sur le chemin à prendre, le locuteur emploie alternativement l'auxiliaire *must* et l'impératif.

You must take Memorial Street, then you must turn right into Baker Street, you can't visit the zoo because it's closed, you must take the first street on your right. Then turn left into Hampstead Street. You must go past a bank, you must take Market Street, go past the library, then turn left. You must take Victoria Avenue, don't go to the cinema because you're not allowed to go there alone, you must go straight on, and turn right to arrive at Crescent Road and reach the secret place, where are you? You arrive at the swimming-pool.

2 Complète les phrases suivantes en employant *mustn't* ou *don't have to*.

1. You mustn't drink alcohol. You are too young.
2. He doesn't have to walk. He can take the bus.
3. You mustn't park here. It's forbidden.
4. We don't have to get up early on Sundays; there's no school.
5. They've got a dishwasher. They don't have to do the washing-up.

● Phrases 1 et 3 : on parle d'interdictions. On utilise donc *mustn't*.
● Phrases 2, 4 et 5 : on parle d'actions que l'on est pas obligé de faire. On emploie *don't have to*.

3 Comment dirais-tu que... ?

1. elle ne doit pas rester au lit ; c'est l'heure d'aller à l'école.
She mustn't stay in bed; it's time to go to school.
2. il se peut qu'il pleuve.
It may rain.
3. elle court : elle doit être en retard.
She is running: She must be late.
4. il faudra qu'il envoie des e-mails.
He will have to send e-mails.

● Attention : dans la phrase 3, on fait une déduction à partir de ce qui se passe, et on exprime une forte probabilité. On emploie donc *must*.

Corrigés

21 Le groupe verbal
Le passif

1 Mets la phrase suivante aux temps demandés.
The actor is interviewed.
- Prétérit : The actor was interviewed.
- *Present perfect* : The actor has been interviewed.
- Futur : The actor will be interviewed.

● Exemple d'emploi : *The actor was interviewed for two hours.* L'acteur a été interviewé pendant deux heures

2 Réponds aux questions suivantes comme dans l'exemple.
1. Did you paint your room yesterday? No, it will be painted tomorrow.
2. Did you repair your glasses yesterday? No, they will be repaired tomorrow.
3. Did you do the housework yesterday? No, it will be done tomorrow.
4. Did he examine your sister yesterday? No, she will be examined tomorrow.

● Le participe passé de *do* est irrégulier : do → done.

3 Construis des phrases au passif comme dans l'exemple. Mets le verbe au temps qui convient. Il n'y a pas toujours de complément d'agent.
1. His computer / not repair / yet
His computer hasn't been repaired yet.
2. A policeman / attack / a dog / yesterday
A policeman was attacked by a dog yesterday.
3. The diamonds / steal / a thief / last week
The diamonds were stolen by a thief last week.
4. A lot of newspapers / sell / every day
A lot of newspapers are sold every day.

● Avec *not... yet*, on emploie le *present perfect*.
● Avec *every day*, on doit employer le présent simple car il s'agit ici d'une vérité générale.

4 Le maquettiste a mélangé les titres des articles. Reconstitue-les.

VICTORY	were beaten	
The French	WERE HURT	FROM A MUSEUM
	FAMOUS PAINTINGS	in a plane crash
25 PEOPLE	were stolen	**IN YESTERDAY'S MATCH**
	WAS CELEBRATED	BY CONTESTANTS

1. Victory was celebrated by contestants.
2. The French were beaten in yesterday's match.
3. Famous paintings were stolen from a museum.
4. 25 people were hurt in a plane crash.

● Note le cas possessif avec *yesterday* ; *yesterday's match* : le match d'hier.

22 Le groupe verbal
L'infinitif

1 Construis des phrases avec le verbe *want* comme dans l'exemple.

1. They / we / come early
They want us to come early.
2. He / they / repair the car
He wants them to repair the car.
3. Jane / I / buy some tickets for the concert
Jane wants me to buy some tickets for the concert.
4. His father / he / take the dog out
His father wants him to take the dog out.

● Vérifie que tu as bien utilisé les pronoms personnels compléments *us*, *them*, *me*, *him*.

2 Compose des phrases ayant un sens à partir des éléments donnés.

1. The doctor told   these actors   to keep quiet.
2. The teacher asked   the secretary   to play in his film.
3. The film director wanted Jane   to stop smoking.
4. I would like   his students   to lend me her camera.
5. The manager expects   his patient   to type the letters.

1. The doctor told his patient to stop smoking.
2. The teacher asked his students to keep quiet.
3. The film director wanted these actors to play in his film.
4. I would like Jane to lend me her camera.
5. The manager expects the secretary to type the letters.

● La première phrase se traduit ainsi : « Le médecin a dit à son patient d'arrêter de fumer. »

3 Construis des questions et des réponses comme dans l'exemple.

1. post office / stamps
What are you going to the post office for?
– I'm going there to buy some stamps.

2. store / dress
What are you going to the store for?
– I'm going there to buy a dress.

3. butcher's / meat
What are you going to the butcher's for?
– I'm going there to buy some meat.

4. Susan's / work
What are you going to Susan's for?
– I'm going there to work.

5. London / National Gallery
What are you going to London for?
– I'm going there to visit the National Gallery.

● Note l'emploi particulier des génitifs *the butcher's* (chez le boucher) et *Susan's* (chez Susan).

4 Relie l'objet à la définition correspondante, puis construis les questions et les réponses comme dans l'exemple donné.

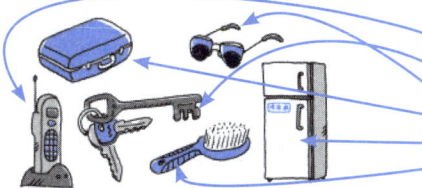

- to call friends.
- to lock and unlock doors.
- to protect from the sun.
- to carry clothes in.
- to keep food fresh.
- to do one's hair.

1. What's a fridge for? It's to keep food fresh.
2. What's a suitcase for? It's to carry clothes in.
3. What are keys for? They're to lock and unlock doors.
4. What's a hairbrush for? It's to do one's hair.
5. What are sunglasses for? They're to protect from the sun.

● Les sujets sont au pluriel dans les phrases 3 et 5. On dira donc *they're*.

Corrigés

23 Le groupe verbal
Le gérondif

1 Construis des phrases en utilisant le gérondif.
1. My brother travels alone. (like) My brother likes travelling alone.
2. His cousin makes cakes. (dislike) His cousin dislikes making cakes.
3. Jane watches TV every evening. (enjoy) Jane enjoys watching TV every evening.
4. Fred never drinks milk. (hate) Fred hates drinking milk.

● Tous ces verbes expriment le goût et la préférence.

2 Relie les deux phrases à l'aide de la préposition donnée suivie du gérondif.
1. She turned the light off. She read a magazine. (after)
She turned the light off after reading a magazine.
2. John called me. He came home. (before)
John called me before coming home.
3. My friends left. They had a drink. (after)
My friends left after having a drink.
4. Brian crossed the street. He didn't look right. (without)
Brian crossed the street without looking right.

● Phrase 1 : en français, on traduirait le gérondif par un infinitif passé, pour marquer l'antériorité : « après avoir lu un magazine ».

3 Comment dirais-tu que... ?
1. tu en as assez de m'attendre. I am fed up with waiting for you.
2. tu ne supportes pas d'aller au supermarché le samedi.
I can't bear going to the supermarket on Saturdays.
3. cela ne te dérange pas de répéter. I don't mind repeating.
Comment proposerais-tu à des amis... ?
4. d'aller boire un verre. What about having a drink?

● What about = how about.
● Can't bear = can't stand.

4 Présente-toi à ton correspondant. Parle lui de tes goûts, de ce que tu aimes ou n'aimes pas faire.

Hello Jerry,
My name is (écris ton prénom). I live in (ta ville). I go to school in (la ville de ton école). I am happy to be able to write to you and get to know each other better.
I practise some sports; I like playing tennis but I prefer swimming. I'm quite good at skiing and horse riding. I go out with my friends at weekends when I don't have too much homework! I enjoy going to the cinema but I don't like going shopping.
What do you do in the evenings? I don't mind reading but I can't bear doing the dishes.
What are your favourite school subjects? I'm bad at writing essays, I'm interested in learning new languages.
What about writing to each other sometimes? I am looking forward to meeting you soon. Write soon!
Goodbye for now,
(ta signature)

● Vérifie que tu as bien utilisé des verbes (au gérondif).
● Do the dishes = do the washing-up : faire la vaisselle.
● D'autres réponses sont bien sûr possibles, tant que tu utilises le gérondif.

24 La phrase
Les questions

1. Transforme les phrases de ce texte en *yes-no questions*.
1. Ashley lives in the suburbs of London. – 2. She works in London. – 3. She took the 8 o'clock train to Waterloo Station. – 4. There were a lot of people on the train. – 5. She'll be in London at 8.45. – 6. She will take the tube as soon as she arrives in London

1. Does Ashley live in the suburbs of London? – 2. Does she work in London? – 3. Did she take the 8 o'clock train to Waterloo Station? – 4. Were there a lot of people on the train? – 5. Will she be in London at 8.45? – 6. Will she take the tube as soon as she arrives in London?

- Remarque dans la phrase 4 l'emploi de la préposition *on* dans *on the train* pour dire « dans le train ».
- Phrase 6 : la question porte sur la première partie de la phrase ; on demande si elle prendra le métro dès son arrivée à Londres. La seconde partie reste inchangée.

2. Observe les réponses et complète les questions.
1. Who will travel with you? – Jane will.
2. What were they doing? – They were sleeping.
3. Whose toothbrush is it? – It's Jenny's
4. What is their house like? – It's big and modern.
5. Where were your keys? – They were on the kitchen table.
6. How often do you go to the cinema? – We go to the cinema once a week.
7. How long will it take? – It will take two hours.

- Phrase 4 : la réponse montre que la question porte sur l'aspect de la maison. On emploie *what... like*. Note bien la place de *like*, en fin de phrase.

3. Pose les questions qui correspondent aux réponses suivantes, en utilisant la préposition contenue dans la réponse.
1. What was he waiting for? He was waiting for the train.
2. What are they looking at? They are looking at some paintings.
3. Where did they come from? They came from England.

- Toutes les questions ont la même construction : mot interrogatif + auxiliaire + sujet + verbe suivi de la préposition qui l'accompagne.

Corrigés

25 La phrase
Les phrases réduites

1 Complète les phrases suivantes à l'aide du *question tag* qui convient.
1. You don't believe me, do you?
2. They didn't call the doctor, did they?
3. Karen will be fifteen next week, won't she?
4. You haven't seen that film, have you?
5. Oliver likes playing squash, doesn't he?
6. Louis can't swim, can he?
7. Jane has lost her pen, hasn't she?
8. They brought some flowers, didn't they?
9. Melissa was sleeping, wasn't she?
10. You've never been to China, have you?

● N'oublie pas d'utiliser *do* ou *did* quand la phrase ne contient pas d'auxiliaire.

2 Peter et Kevin ont vraiment les mêmes goûts et les mêmes projets. Utilise un *tag* de conformité pour le montrer.
1. Peter enjoys going jogging. So does Kevin.
2. Kevin is crazy about jazz. So is Peter.
3. Kevin doesn't like tidying his room. Neither does Peter.
4. Peter isn't interested in history. Neither is Kevin.
5. Kevin enjoyed playing with his teddy bear. So did Peter.
6. Peter will be a detective. So will Kevin.

● Les phrases 3 et 4 sont négatives. Le *tag* de conformité est construit avec *neither* suivi de l'auxiliaire (que l'on ne met jamais à la forme négative).

3 John ne fait rien comme ses amis. Utilise un *tag* de contraste pour le montrer.
1. Bob doesn't play cricket, but John does.
2. Kate can swim, but John can't.
3. Jane has been to America, but John hasn't.
4. Alan didn't want to live in London, but John did.
5. Shirley bought a new racket last week, but John didn't.

● La phrase 5 est au prétérit à la forme affirmative. Elle est la seule à ne pas contenir d'auxiliaire. Pour construire le *tag* de contraste, on utilise l'auxiliaire *did* à la forme négative.

4 Regroupe les dessins par paires. Trouve les légendes manquantes en employant des phrases de contraste.

a. Mr Bird
b. Bob
c. Christopher
d. Bill
e. Susan
f. John

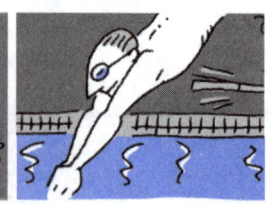

1. Mr Bird can play the violin, but Susan can't. *(a, e)*
2. John can dive, but Bob can't. *(f, b)*
3. Christopher likes cats, but Bill doesn't. *(c, d)*

● La première partie de chacune des phrases est une affirmation, le *tag* de contraste est négatif.
● Vérifie que tu as employé l'auxiliaire *do* dans la phrase 3.

26 La phrase
Les phrases exclamatives

1 Transforme ces phrases en phrases exclamatives, comme dans l'exemple.
1. This classroom is too noisy. *How noisy it is!*
2. These students are too lazy. *How lazy they are!*
3. This house is too small. *How small it is!*
4. These rooms are too dark. *How dark they are!*
5. This sofa is too heavy. *How heavy it is!*

● L'exclamation porte sur des adjectifs. Les phrases ont toutes la même construction :
how + adjectif + sujet + verbe.

2 Transforme ces phrases en utilisant l'exclamatif *so*.
1. How dangerously he drives! *He drives so dangerously!*
2. How tired she feels! *She feels so tired!*
3. How well your mother cooks! *Your mother cooks so well!*
4. How boring the film was! *The film was so boring!*
5. How happy she will be! *She will be so happy!*

● Le schéma des phrases est le suivant : sujet + verbe + *so* + adjectif ou adverbe.

3 Forme deux phrases exclamatives avec les mots donnés.
1. tart / good *This tart is so good! What a good tart!*
2. actress / beautiful *This actress is so beautiful! What a beautiful actress!*
3. customer / impatient *This customer is so impatient! What an impatient customer!*
4. game / dangerous *This game is so dangerous! What a dangerous game!*

● On peut décider de faire porter l'exclamation sur l'adjectif ou sur le groupe nominal.
● Lorsque l'exclamation porte sur le GN, toutes les phrases commencent par *what* suivi de l'article indéfini (+ dénombrable au singulier).

4 En visitant la National Gallery à Londres, Britney n'entend que des phrases admiratives. Aide-la à les reconstituer en ajoutant les mots manquants.
1. *What a* good painter!
2. His paintings are *so* terrific!
3. *How* talented he is!
4. *What* beautiful colours!
5. He paints *so* well!
6. I'm not surprised that he is *so* famous!

● Phrase 1 : l'exclamation porte sur un groupe nominal qui contient un dénombrable singulier (*painter*). On emploie *what a*.
● Phrase 4 : l'exclamation porte sur le groupe nominal *beautiful colours*, qui est au pluriel. On emploie *what*.

5 Que dit cette dame en voyant cet homme au travail ? Remets ces mots dans l'ordre.
- amusing / is / how / it / !
- have / funny / what / you / a / mask / !
- idea / strange / what / a / !

● Tu as peut-être écrit d'autres phrases. Vérifie que tu as employé au moins une exclamation.

How amusing it is! What a funny mask you have! What a strange idea!

31

Corrigés

27 La phrase
Les subordonnées complétives

1 **Aide le journaliste à rapporter ce qu'a dit le maire de sa ville.**

Our town is not polluted.
The streets are clean.
The hospital is new.
The children need a modern school.
The senior citizens are well looked after.
The future will be bright for everybody.
The citizens will live happily ever after.
I want to be your mayor again next year.

The mayor says that our town is not polluted.
He thinks that the streets are clean and the senior citizens are well looked after.
He announces that the future will be bright for everybody.
The mayor feels that the citizens will live happily ever after.
He knows that the hospital is new.
He understands that the children need a modern school.
He says that he wants to be the mayor again next year.

● Tu peux changer les verbes introducteurs, pourvu que cela ait du sens.

2 **Un reporter a fait l'interview d'un cascadeur. Traduis son article.**

UN CASCADEUR
L'acteur a dit que les cascades étaient dangereuses. Il pense que c'est un beau métier pour les jeunes aujourd'hui. Il sait que les producteurs sont de plus en plus exigeants. Il comprend que les exigences sont plus grandes, mais il annonce qu'il n'arrêtera jamais d'être cascadeur.

A STUNTMAN
The actor said (that) the stunts were dangerous. He thinks (that) it is a beautiful job for young people today. He knows (that) producers are more and more demanding. He understands (that) the demands are more important but he announces (that) he will never stop being a stuntman.

● *That* peut être omis.
● Note que cascadeur est un métier. On utilise l'article *a* : *to be a stuntman*.
● On dit *the stunts* car on parle de cascades précises (celles du film). En revanche, on parle des producteurs en général, on n'emploie donc pas d'article en anglais.

Ago

L'adverbe *ago* s'emploie pour parler du temps écoulé depuis la fin d'une action. Il est toujours placé après l'expression de temps et s'emploie avec le prétérit simple.
*When **did** you buy your hat? I **bought** it two weeks **ago**.* Quand as-tu acheté ton chapeau ? Je l'ai acheté il y a deux semaines.

3 Réponds aux questions suivantes en utilisant le complément de temps donné et *ago*.

Ex. : *When did your parents leave? (a week)* → *They left a week ago.*

1. When did Angela win the cup? (two months) ....
2. When did you visit China? (four years) ....
3. When did Helen buy the tickets? (three days) ....

Le prétérit en *be + V-ing* (ou prétérit progressif)

● Le prétérit en *be + V-ing* **se forme** avec *be* au prétérit + base verbale + *-ing*. Il **s'emploie** pour exprimer des actions qui étaient en cours dans le passé.
***Was** she **watching** TV?* Est-ce qu'elle regardait la télévision ?
*They **weren't** sleeping.* Ils ne dormaient pas.

● Il s'emploie souvent en opposition avec le prétérit simple. Le prétérit en *be + V-ing* exprime alors l'action qui se déroulait dans le passé et avait une certaine durée. Le prétérit simple exprime un fait nouveau qui se produit.
*Jenny **was waiting** for the bus when she **saw** him.* Jenny attendait le bus quand elle le vit.

4 Mets les mots dans le bon ordre et construis des propositions reliées par *when*.

1. having / she / bath / a / was   •   • he / cooking / was
2. on / the / jumping / they / bed / were • **when** • knocked / door / the / someone / at
3. broke / plate / a / he   •   • father / their / arrived

1.
2.
3.

15 Le groupe verbal
Le *present perfect*

Formation

● Il se forme toujours avec l'auxiliaire **have** conjugué au présent (souvent sous sa forme contractée) et le **participe passé du verbe**. Ce participe passé est invariable.
I've repaired my car. J'ai réparé ma voiture.
He's repaired his car. Il a réparé sa voiture.

● Le participe passé des verbes réguliers se termine par **-ed**.
work → work**ed**   receive → receiv**ed**
Un certain nombre de verbes ont une forme irrégulière qu'il faut apprendre par cœur. Reporte-toi à la liste des principaux verbes irréguliers, page 17 du cahier central.
buy → **bought**   see → **seen**

● À la **forme interrogative**, on fait passer l'auxiliaire *have* avant le sujet.
Have you written to your mother? As-tu écrit à ta mère ?

À la **forme négative**, on ajoute la négation *not* à l'auxiliaire. On emploie généralement la forme contractée.
She **hasn't sent** the parcel. Elle n'a pas envoyé le colis.

● Pour former une **réponse brève**, on utilise le pronom personnel sujet et l'auxiliaire *have*. Quand on répond par « oui », on ne doit pas employer la forme contractée.
Have you **forgotten** her address? **Yes, I have.** As-tu oublié son adresse ? Oui.

---

1 Que s'est-il passé entre la première et la seconde image ? Légende la seconde image à l'aide du verbe *buy* au *present perfect*.

....
....
....
....

2 Construis avec les éléments donnés des phrases au *present perfect*.
Ex. : *the boy / wash / the car* → The boy has washed the car.

1. my cousin / buy / a new racket ....
2. Philip / lose / his key ....
3. I / finish / my exercise ....
4. they / write / a long letter ....

> Vérifie que, dans chacune des phrases, tu as l'auxiliaire *have* et le participe passé du verbe.

3 En attendant les invités, toute la famille s'est activée. Complète les phrases en mettant les verbes donnés au *present perfect* pour savoir ce que chacun a fait.

1. Mr Jones .... the living room. (tidy)
2. Angela .... a fruit salad. (make)
3. Bill and Jane .... the bread. (buy)
4. Karen .... the plants. (water)
5. And Mrs Jones .... a long, relaxing bath. (have)

> Les verbes réguliers se terminant par consonne + *y* changent leur *y* en *i* devant la terminaison en -*ed*.

Le *present perfect* avec *just*

> On peut employer le *present perfect* pour exprimer une action très récente, une action qui vient de se produire. Dans ce cas, on utilise l'adverbe *just*.
> *He has **just** left.* Il vient de partir.

4 Construis la question comme dans l'exemple donné et réponds-y par oui.

Ex. : *you / make / the cake* → *Have you made the cake? Yes, I've just made it.*

1. your parents / paint / their bedroom ....
2. you / take / your umbrella ....
3. Mary / drink / her glass of milk ....
4. Bill and Bob / invite / Susan ....
5. Teddy / repair / his moped ....

Le *present perfect* avec *for* et *since*

> • Le *present perfect* permet également de parler d'une **action commencée dans le passé et qui se poursuit** dans le présent (en français, dans ce type de phrase, on utilise le présent).
>
> • Il s'emploie alors :
> – avec ***for*** pour parler de la durée de l'action ;
> *He has been a doctor **for ten years**.* Il est médecin depuis dix ans.
> – avec ***since*** pour parler du point de départ de l'action.
> *He has been a doctor **since 1996**.* Il est médecin depuis 1996.

5 Complète les phrases suivantes en utilisant *for* ou *since*.

1. They have been married .... last September.
2. She has been a photographer .... two years.
3. We have known them .... three months.

> Demande-toi si le complément de temps évoque une durée ou le point de départ de l'action.

16 Le groupe verbal
Prétérit simple ou *present perfect* ?

Emplois du prétérit simple

• On utilise le prétérit si **l'action est terminée et située précisément dans le passé**.
*We **met** them at the swimming-pool yesterday.* Nous les avons rencontrés à la piscine hier.
*They **left** before the end of the show.* Ils sont partis avant la fin du spectacle.
*He **smoked** a lot before getting married.* Il fumait beaucoup avant de se marier.

• On l'emploie ainsi dans des phrases avec **ago** (reporte toi à l'unité 14).
*I met her two days **ago**.* Je l'ai rencontrée il y a deux jours.

1
Un bruit bizarre t'a empêché d'entendre une partie de la phrase. Pose la question qui te permettra de comprendre de quoi il s'agit.

> Dois-tu employer l'auxiliaire *did* pour construire la forme interrogative des phrases contenant *was* ou *were* ?

1. The book was on the ❓ ....
2. He arrived last ❓ ....
3. Tim gave me a ❓ two days ago. ....
4. Calvin called his ❓ yesterday. ....
5. Richard brought some ❓ ....
6. The children were frightened because ❓ ....

Emplois du *present perfect*

• On utilise le *present perfect* si l'action s'est passée à un moment non précisé et qu'on peut **faire le lien avec le présent**.
Ce temps permet en particulier :
– d'insister sur les conséquences d'une action passée dans le présent ;
*I **have broken** my glasses.* J'ai cassé mes lunettes. (Conséquence dans le présent : mes lunettes sont cassées.)
– de faire le bilan d'une activité ou de ses expériences.
*I'**ve travelled** a lot.* J'ai beaucoup voyagé.

• Le *present perfect* est souvent employé **avec des adverbes tels que *ever*, *never*, *already*, *not ... yet***, puisqu'ils marquent bien le lien entre le présent et le passé.
*Have you **ever** been to Japan?* Es-tu déjà allé au Japon ?
*No, I've **never** been there.* Non, je n'y suis jamais allé.
*I've **already** been to China.* Je suis déjà allé en Chine.
*I haven'**t** called my friends **yet**.* Je n'ai pas encore appelé mes amis.

2 **Pose la question et réponds par oui en utilisant le complément de temps donné.**

Ex. : meet / a film star / four months ago
→ Have you ever met a film star?
Yes, I met a film star four months ago.

> On utiliserait le même temps en français pour construire la question et la réponse. En est-il de même en anglais ?

1. Jim / drink / champagne / two weeks ago

....?
....

2. your friends / visit / the Science Museum / ten days ago

....?
....

3. you / take / the Eurostar / two years ago

....?
....

3 **Comment dirais-tu que… ?**

1. Sally est journaliste depuis quatre ans.
....

2. elle est déjà allée en Espagne.
....

3. elle est y allée il y a trois ans.
....

4. elle a visité les États-Unis quand elle avait quinze ans.
....
....

5. mais elle n'est jamais allée à San Francisco.
....

4 **Mets les verbes donnés entre parenthèses au *present perfect* ou au prétérit.**

> Demande-toi, pour chaque phrase, si on précise à quel moment l'action s'est déroulée.

1. Pat .... this museum last year. (visit)

2. We .... that film yet. (not see)

3. My teacher .... many books. (translate)

4. My parents .... late yesterday. (wake up)

5. Bob .... the plane two weeks ago. (take)

17 Le groupe verbal
L'expression de l'avenir

Be going to + base verbale

L'expression *be going to* sert souvent à **exprimer l'intention**, la résolution de faire quelque chose, à **prédire** un événement.

● À la **forme affirmative**, on a : sujet + *be going to* + base verbale. L'auxiliaire *be* se conjugue au présent. *Going to* et la base verbale restent invariables.
I **am going to** hire a car. Je vais louer une voiture.
They **are going to** play chess. Ils vont jouer aux échecs.

● À la **forme négative**, on a : sujet + auxiliaire *be* + *not* + *going to* + base verbale.
He **is not going to** break the plates. Il ne va pas casser les assiettes.

● À la **forme interrogative**, on a : auxiliaire *be* + sujet + *going to* + base verbale.
Is he **going to** win? Est-ce qu'il va gagner ?

1 Regarde l'agenda de Ralph et complète les phrases pour dire ce qu'il va faire jeudi.

1. Next Thursday, Ralph .... play .... at half past four. – 2. He .... going .... take his .... to the garage. – 3. He is .... have .... with Jenny at .... o'clock. – 4. Then they .... going .... see a detective .... together. – 5. He .... go to the dentist's.

Le présent en *be + V-ing*

● On peut également exprimer le futur en utilisant le présent en *be + V-ing* lorsque la phrase contient un **marqueur de temps évoquant le futur** tel que *tomorrow, next week*...

● On utilise cette forme pour parler d'actions que l'on a décidé de faire.
He **is flying** to New York tomorrow. Il prend l'avion pour New York demain.

2 Trouve les questions qui correspondent aux réponses données (tiens compte des groupes de mots soulignés).

1. ....? She's leaving at half past ten.
2. ....? No, I'm not going to invite the Millers.
3. ....? Next Saturday? I'm going to go shopping.
4. ....? They're going to call me tomorrow.
5. ....? Robert? Yes, he's taking the train next Friday.

Will + base verbale

- L'auxiliaire modal *will* permet souvent d'exprimer un **futur inévitable**, un fait qui n'est pas le résultat d'une décision.

- À la **forme affirmative**, on a : *will* (ou *'ll*) + base verbale.
*Jerry's mother **will be** forty tomorrow.* La mère de Jerry aura 40 ans demain.

- À la **forme négative**, on a : *will not* (ou *won't*) + base verbale.
*They **won't** destroy the old bridge.* Ils ne détruiront pas le vieux pont.

- À la **forme interrogative**, on a : *will* + sujet + base verbale.
***Will you go** to the country next week?* Iras-tu à la campagne la semaine prochaine ?

3 Relie la réponse à la question correspondante.

1. Is she coming tonight?
2. Will John do the shopping?
3. Who will take the dog out?
4. Are they going to clean the car?
5. What will she do tomorrow?
6. Will they talk to him?

A. Yes, they are.
B. The children will.
C. No, he'll stay at home.
D. She'll go swimming.
E. No, they won't.
F. No, she isn't.

Les subordonnées de temps à sens futur

Dans les subordonnées de temps à sens futur introduites par **when, as soon as**, ..., le verbe de la subordonnée est au présent en anglais, et non au futur comme en français.
*I will visit the Empire State Building **when I am** in New York.* Je visiterai l'Empire State Building quand je serai à New York.
***As soon as she arrives** in Australia Kate will phone her parents.* Dès qu'elle arrivera en Australie, Kate téléphonera à ses parents.

4 Réponds aux questions suivantes. Utilise *as soon as* **dans la 3ᵉ phrase.**
Ex. : *When will he call you? (arrive in Paris)* → *He'll call me when he arrives in Paris.*

1. When will she buy a new car? (have enough money)

   ....

2. When will she take her driving test? (be eighteen)

   ....

3. When will she speak to the teacher? (see him)

   ....

> En français, on utilise le futur dans la subordonnée de temps et dans la principale.

18 Le groupe verbal
L'impératif

L'impératif à la 2ᵉ personne

• En anglais, comme en français, on emploie l'impératif pour **donner des ordres**, des conseils ou formuler des interdictions.

• L'impératif à la 2ᵉ personne se forme à l'aide de la **base verbale** dans des phrases sans sujet.
Take off your coat! Enlève ton manteau !
Listen to me! Écoutez-moi !
Il n'y a pas de différence entre la 2ᵉ personne du singulier et la 2ᵉ personne du pluriel.

• À la **forme négative**, la base verbale est précédée de *don't*.
Don't open the door! N'ouvrez pas la porte !
Don't be stupid! Ne sois pas stupide !

1 À l'entrée du parc, la mère de Jennifer lui rappelle tout ce qu'elle n'a pas le droit d'y faire. Transforme ses recommandations en utilisant l'impératif.

> Puisqu'il s'agit d'interdictions, tu devras employer la forme négative.

1. You mustn't skate.
   ....
2. You mustn't ride your bike.
   ....
3. You mustn't walk on the grass.
   ....
4. You mustn't play with your ball. ....
5. You mustn't feed the ducks. ....
6. You mustn't talk to anybody. ....

2 Complète les phrases suivantes en employant l'impératif à la forme affirmative ou négative.

1. It's raining, ... umbrella.
2. You're not well, ... swimming-pool.
3. You're late, ... computer games now.
4. You must be hungry, ... sandwich.
5. Go to bed, ... in the armchair.

• Tu peux utiliser les verbes :
go, have, play, sleep, take.
• Attention, tu dois ajouter d'autres mots que des verbes.

L'impératif aux autres personnes

- Aux autres personnes, l'impératif se construit ainsi : *let* + pronom complément + base verbale.
On l'emploie alors surtout à la **1re personne du pluriel** pour exprimer une **suggestion**, une proposition.
***Let's have** a drink. (let's = let us)* Prenons un verre.
***Let's invite** her for dinner.* Invitons-la à dîner.

- À la 1re personne du singulier, cette construction impérative se traduit généralement par un pluriel.
Let me see. Voyons.

3 Construis des phrases comme dans l'exemple.
Ex. : *I'd like to go to the restaurant.* →*That's a good idea, let's go to the restaurant!*

1. Shall we invite John? ....!
2. I want to go to the seaside. ....!
3. Why don't we hire a boat? ....!
4. I'd like to dance. ....!
5. Shall we buy an ice-cream? ....!

To hire a boat : **louer un bateau.**

4 Comment dirais-tu à un ami… ?

1. de ne rien dire à personne parce que c'est un secret.

....

2. d'appeler son frère.

....

3. de venir jouer avec toi

....

Avoir mal à la tête : *to have a headache.*

4. de ne pas aller à l'école s'il a mal à la tête.

....

Comment lui proposerais-tu… ?

5. de jouer au tennis avec toi.

....

6. d'aller à la piscine avec toi.

....

19 Le groupe verbal
Les modaux (1)

Généralités

- Les auxiliaires modaux modifient le sens des verbes qu'ils accompagnent. Ils expriment des **nuances très variées** : capacité, obligation, interdiction, autorisation...

- Ils sont **suivis** d'un verbe à la **base verbale**. Ils ont la **même forme à toutes les personnes** (donc pas d'-*s* à la 3ᵉ personne du singulier du présent).
Ils se conjuguent sans *do* aux formes interrogative et négative. À la forme interrogative, on fait passer l'auxiliaire modal devant le sujet.

- Les auxiliaires modaux **ne se conjuguent pas à tous les temps**, mais ils ont des équivalents qui se conjuguent à tous les temps.

1 Coche les bonnes réponses.

1. Les auxiliaires modaux peuvent se mettre au futur.

❏ vrai   ❏ faux

2. Tu veux dire qu'il ne sait pas jouer aux échecs. Avec quelle forme du verbe *play* dois-tu compléter la phrase : *He can't... chess?*   ❏ to play   ❏ play   ❏ playing

Can, can't

- **Can**

Exemple	Signification
I can play chess. Je sais jouer aux échecs	capacité physique ou intellectuelle (traduit parfois par « savoir »)
What can you see? Que vois-tu ?	perception (devant *see, hear...*)
Can I go to the disco? Est-ce que je peux aller à la discothèque ?	permission
Can you lend me your keys? Peux-tu me prêter tes clés ?	demande polie

- **Can't**

Exemple	Signification
I can't mend my bike. Je ne peux pas réparer mon vélo.	incapacité, impossibilité
You can't take the tube alone. Tu ne peux pas prendre le métro tout seul.	interdiction

- **Be able to** est un équivalent de *can* qui permet d'exprimer la capacité (ou l'incapacité, à la forme négative), en particulier dans le futur.
She will be able to drive next year. Elle pourra conduire l'année prochaine.
They won't be able to find the answer. Ils ne pourront pas trouver la réponse.

2 Sam avait un tas de projets pour les vacances mais il vient de se casser une jambe ! Regarde le tableau et complète les instructions que lui donne le médecin.

	Today	Tomorrow	Next month
Listen to music	YES		
Dance rock'n'roll	NO		
Play video games	YES		
Play football		NO	YES
Go to the disco	NO		NO

• Tu dois compléter chaque zone de réponse avec un modal ou son équivalent (quand la phrase fait référence à l'avenir) et la base verbale.
• *Not... either* : non plus.

You .... to music today but you .... rock'n'roll. You .... video games. You .... football tomorrow but you .... football next month. You .... to the disco today and you .... to the disco next month either. I know your parents!

Could, couldn't

Exemple	Signification
I **could** play tennis when I was young. Je pouvais jouer au tennis quand j'étais jeune.	prétérit de **can** : capacité dans le passé
Could you open the door, please? Pourrais-tu ouvrir la porte, s'il te plaît ?	demande polie
They **couldn't** buy a new car. Ils ne pouvaient pas acheter de nouvelle voiture.	incapacité, impossibilité dans le passé

3 Complète les phrases en utilisant *can* ou *could* à la forme affirmative ou négative.

1. Gladys was very sporty when she was young; she .... skate very well.

2. She's sorry but she .... come to your birthday party. – 3. She .... wear those jeans three months ago but she .... wear them today; they're too tight.

Shall

Exemple	Signification
Shall we go to restaurant? Si on allait à la restaurant ?	suggestion à la forme interrogative (à la 1re personne du singulier et du pluriel)

4 Comment proposerais-tu à des amis...?

1. d'aller au cinéma ? ....

2. d'écouter de la musique? ....

20 Le groupe verbal
Les modaux (2)

Must, mustn't

● **Must** est un auxiliaire modal (reporte-toi à l'unité 19 pour revoir les règles générales qui s'appliquent aux auxiliaires modaux) qui a deux significations principales.

Exemple	Signification
You **must** go to bed. Tu dois aller au lit. You **mustn't** smoke. Vous ne devez pas fumer.	obligation ou interdiction (à la forme négative)
She **must** be furious. Elle doit être furieuse.	forte probabilité, déduction (c'est presque sûr)

● **Have to** permet également d'exprimer l'obligation, et ce à tous les temps.
He **has to** wear a tie. Il doit porter une cravate.
They **had to** buy a new washing-machine. Ils ont dû acheter une nouvelle machine à laver.
I **didn't have to** call the doctor. Je n'ai pas eu besoin d'appeler le médecin.
I'**ll have** to walk to work. Il faudra que j'aille au travail à pied.

1 Suis les indications données pour te déplacer sur le plan. Où arrives-tu ?

You must take Memorial Street, then you must turn right into Baker Street, you can't visit the zoo because it's closed, you must take the first street on your right. Then turn left into Hampstead Street. You must go past a bank, you must take Market Street, go past the library, then turn left. You must take Victoria Avenue, don't go to the cinema because you're not allowed to go there alone, you must go straight on, and turn right to arrive at Crescent Road and reach the secret place, where are you? ....

Needn't et don't have to

- **Needn't** et **don't have to** expriment tous les deux une absence d'obligation.
You needn't take the bus. = You don't have to take the bus. Tu n'as pas besoin de prendre le bus.

- Ne confonds pas l'absence d'obligation et l'interdiction.

Absence d'obligation : *needn't/ don't have to*	Interdiction : *mustn't*
You **don't have to** drive quickly, we have plenty of time. Tu n'as pas besoin de conduire vite, nous avons tout notre temps.	You **mustn't** drive quickly, it's forbidden. Tu ne dois pas conduire vite, c'est interdit.

2 Complète les phrases suivantes en employant *mustn't* ou *don't have to*.

1. You .... drink alcohol. You are too young.

2. He .... walk. He can take the bus.

3. You .... park here. It's forbidden.

4. We .... get up early on Sundays; there's no school.

5. They've got a dishwasher. They .... do the washing-up.

> Demande-toi pour chaque phrase s'il s'agit d'une interdiction ou de quelque chose que l'on n'est pas obligé de faire.

May

Exemple	Signification
May I use your car, please? Puis-je utiliser ta voiture, s'il-te-plaît ?	permission (plus polie que *can*)
It **may** snow tomorrow. Il se peut qu'il neige demain.	probabilité

3 Comment dirais-tu que ... ?

1. elle ne doit pas rester au lit ; c'est l'heure d'aller à l'école.

....

2. il se peut qu'il pleuve.

....

3. elle court : elle doit être en retard.

....

4. il faudra qu'il envoie des e-mails.

....

> • Demande-toi quelle notion est exprimée dans chaque phrase.
> • Utilise également ce que tu as appris dans l'unité 19.

21 Le groupe verbal
Le passif

Formation

- Le passif se forme ainsi : auxiliaire **be** + **participe passé** du verbe.
*My computer **is repaired** now.* Mon ordinateur est réparé maintenant.

- Il peut s'employer à tous les temps. L'auxiliaire **be indique le temps** de la phrase.
– Présent simple : *A lot of letters **are** posted every day.* Beaucoup de lettres sont postées chaque jour.
– Prétérit : *My dog **was** taken to hospital.* Mon chien a été emmené à l'hôpital.
– Present perfect : *The classroom **hasn't been** cleaned.* La classe n'a pas été nettoyée.
– Futur : *My bedroom **will be** painted next month.* Ma chambre sera peinte le mois prochain.

1 Mets la phrase suivante aux temps demandés.

The actor is interviewed.

– Prétérit : ....

– Present perfect : ....

– Futur : ....

> C'est *be* qui doit être mis au temps demandé, toujours suivi du participe passé.

Le complément d'agent

- Quand il y a un complément d'agent, celui-ci est introduit par **by**.
*The TV set was repaired **by my uncle** yesterday.*
La télévision a été réparée par mon oncle hier.

- Mais beaucoup de phrases se construisent sans complément d'agent. C'est le cas lorsque l'agent importe peu ou qu'il n'est pas connu.
*English **is spoken** in a lot of countries.* On parle anglais dans beaucoup de pays.
*This toy **was made** in Taiwan.* Ce jouet a été fabriqué à Taïwan.

2 Réponds aux questions suivantes comme dans l'exemple.

Ex. : *Did you send the letters yesterday?* → *No, they will be sent tomorrow.*

1. Did you paint your room yesterday? ....

2. Did you repair your glasses yesterday? ....

3. Did you do the housework yesterday? ....

4. Did he examine your sister yesterday? ....

> Il n'y a pas de complément d'agent car il n'est pas important dans ces phrases.

3. Construis des phrases au passif comme dans l'exemple. Mets le verbe au temps qui convient. Il n'y a pas toujours de complément d'agent.

Ex. : *This house / bought / a family / ten years ago*
→ *This house was bought by a family ten years ago.*

> Pour choisir le temps de l'auxiliaire *be*, utilise les indications de temps : *yesterday, tomorrow,* etc. Retiens le sens de *not yet* : **pas encore**.

1. His computer / not repair / yet

....

2. A policeman / attack / a dog / yesterday

....

3. The diamonds / steal / a thief / last week

....

4. A lot of newspapers / sell / every day

....

L'emploi du passif

● La forme passive est beaucoup **plus utilisée en anglais qu'en français**. Il est courant de traduire un passif anglais par un actif français.
*English **is spoken** by millions of people.* Des millions de gens <u>parlent</u> anglais.
*I'**m interested** in modern painting.* Je <u>m'intéresse</u> à la peinture moderne.

● Quand le français utilise le sujet « on », l'anglais utilise souvent une forme passive.
*The windows **are cleaned** every day.* <u>On</u> nettoie les fenêtres tous les jours.

4. Le maquettiste a mélangé les titres des articles. Reconstitue-les.

VICTORY	were beaten	
The French	WERE HURT	FROM A MUSEUM
FAMOUS PAINTINGS	in a plane crash	
25 PEOPLE	were stolen	**IN YESTERDAY'S MATCH**
	WAS CELEBRATED	BY CONTESTANTS

1. ....
2. ....
3. ....
4. ....

22 Le groupe verbal
L'infinitif

L'infinitif complément d'objet

- Des verbes – tels que *want, prefer, wish* (souhaiter), *ask* (demander), *wait* (attendre), *expect* (s'attendre à) – peuvent être suivis d'un **verbe à l'infinitif complet** (*to* + base verbale). Le second verbe est complément d'objet du premier.
*She wants **to read**.* Elle veut lire.

- Le verbe à l'infinitif peut avoir un sujet. On parle alors de **proposition infinitive**.
*She wants **John to read**.* Elle veut que John lise.

- Si le sujet de la proposition infinitive est un **pronom personnel**, il est obligatoirement à la forme complément. *She wants **him** to read.* Elle veut qu'il lise.

- On ajoute **not** devant l'infinitif pour former une proposition infinitive négative.
*She prefers him **not** to smoke.* Elle préfère qu'il ne fume pas.

1. Construis des phrases avec le verbe *want* comme dans l'exemple.

Ex. : *My mother / he / make his bed.* → *My mother wants him to make his bed.*

1. They / we / come early

....

2. He / they / repair the car

....

3. Jane / I / buy some tickets for the concert

....

4. His father / he / take the dog out

....

Attention : le pronom personnel sujet devient complément.

2. Compose des phrases ayant un sens à partir des éléments donnés.

1. The doctor told   these actors   to keep quiet.
2. The teacher asked   the secretary   to play in his film.
3. The film director wanted Jane   to stop smoking.
4. I would like   his students   to lend me her camera.
5. The manager expects   his patient   to type the letters.

- *Film director* : **metteur en scène.**
- *Lend* : **prêter.**

....

....

....

....

....

L'infinitif de but

On peut exprimer le but à l'aide d'un infinitif complet (*to* + base verbale).
La question correspondante comprend la structure *What... for* ?
What are you going to the baker's **for** ? **To buy** some bread.
Pourquoi vas-tu à la boulangerie ? Pour acheter du pain.

3 Construis des questions et des réponses comme dans l'exemple.

Ex. : *flower shop / tulips*
→ *What are you going to the flower shop for?*
– *I'm going there to buy some tulips.*

1. post office / stamps
....?
– ....

2. store / dress
....?
– ....

3. butcher's / meat
....?
– ....

4. Susan's / work
....?
– ....

5. London / National Gallery
....?
– ....

4 Relie l'objet à la définition correspondante, puis construis les questions et les réponses comme dans l'exemple donné.

- to call friends.
- to lock and unlock doors.
- to protect from the sun.
- to carry clothes in.
- to keep food fresh.
- to do one's hair.

Ex. : *What is a telephone for? It's to call friends.*

1. ....
2. ....
3. ....
4. ....
5. ....

23 Le groupe verbal
Le gérondif

Verbe + gérondif

● Le gérondif se forme en ajoutant -*ing* à la base verbale. Attention aux modifications orthographiques : *make* → *making*   *swim* → *swimming*   *run* → *running*

● Lorsque deux verbes se suivent, le second se présente sous la forme d'un infinitif complet (voir unité 22) ou d'un gérondif. Beaucoup de verbes suivis du gérondif permettent de dire ce que l'on aime ou ce que l'on n'aime pas (*enjoy, love, like, hate*, etc.).
I **enjoy meeting** friends in the evening. J'aime rencontrer des amis le soir.
I **hate peeling** onions. Je déteste éplucher les oignons.

● On emploie également le gérondif après les verbes exprimant le début (*start, begin*), la fin (*stop*) ou la poursuite d'une action (*go on*).
It **started raining**. Il se mit à pleuvoir.   He **went on working**. Il continua à travailler.

1 **Construis des phrases en utilisant le gérondif.**

> Attention aux modifications orthographiques de *like, love, hate*.

Ex. : Bill speaks German. (prefer) → He prefers speaking German.

1. My brother travels alone. (like) ....
2. His cousin makes cakes. (dislike) ....
3. Jane watches TV every evening. (enjoy) ....
4. Fred never drinks milk. (hate) ....

Préposition + gérondif

On emploie le gérondif après une préposition.
Look **before crossing**. Regarde avant de traverser.
She is fond **of cooking**. Elle aime cuisiner.

2 **Relie les deux phrases à l'aide de la préposition donnée, suivie du gérondif.**

Ex. : He went to the concert. He didn't buy a ticket. (without)
→ He went to the concert without buying a ticket.

1. She turned the light off. She read a magazine. (after)

....

2. John called me. He came home. (before)

....

> Pour former le gérondif, repars de la base verbale quand le verbe est au prétérit.

3. My friends left. They had a drink. (after) ....

4. Brian crossed the street. He didn't look right. (without)

....

Expression + gérondif

> ● On emploie le gérondif après certaines expressions telles que :
> – *what about* et *how about* (pour proposer quelque chose) ;
> **What about (how about) going** to the restaurant ? Et si on allait au restaurant ?
>
> – *to be good at, to be fond of, to be fed up with* ;
> My brother is **good at playing** golf. Mon frère est bon au golf.
> **I'm fond of** travelling. J'aime voyager.
> **I'm fed up with** taking my dog out. J'en ai assez de sortir mon chien.
>
> – *I don't mind, I can't bear, I can't help…*
> **I don't mind working** late. Cela ne me dérange pas de travailler tard.
> **I can't bear driving** in the traffic. Je ne supporte pas conduire dans la circulation.
> Mary **can't help lying**. Mary ne peut pas s'empêcher de mentir.

3 **Comment dirais-tu que… ?**

1. tu en as assez de m'attendre. ....

2. tu ne supportes pas d'aller au supermarché le samedi.

....

3. cela ne te dérange pas de répéter. ....

Comment proposerais-tu à des amis… ?

4. d' aller boire un verre. ....

4 **Présente-toi à ton correspondant. Parle lui de tes goûts, de ce que tu aimes ou n'aimes pas faire.**

Hello Jerry,

My name is .... I live in .... I go to school in .... I am happy to be able to write to you and get to know each other better.

I practise some sports; I like .... but I prefer .... I'm quite good at

.... I go out with my friends at weekends when I don't have too much homework! I enjoy

.... but I don't like ....

What do you do in the evenings? I don't mind .... but I can't bear ....

What are your favourite school subjects? I'm bad at .... , I'm interested in ....

What about .... to each other sometimes? I am looking forward to .... you soon.

Write soon!

Goodbye for now,

....

> ● C'est un exercice libre. Parle vraiment de tes goûts mais utilise des verbes au gérondif.
> ● *I am looking forward to* (+ gérondif) : je suis impatient de.

24 La phrase
Les questions

Généralités

- Il existe **deux types de questions** :
  – les *yes-no* questions auxquelles on répond par oui ou par non (questions fermées) ;
  – les *wh*-questions qui sont introduites par des mots interrogatifs (questions ouvertes).

- Dans une phrase interrogative, on fait passer **l'auxiliaire avant le sujet**.
Quand la phrase affirmative ne contient pas d'auxiliaire, on fait appel à *do/does* (au présent) ou *did* (au prétérit) pour construire la forme interrogative.
Les *yes-no* questions commencent donc toujours par un auxiliaire.

Forme affirmative	Forme interrogative
It's going to rain.	**Is** it going to rain?
She plays golf.	**Does** she play golf?
They went to the theatre.	**Did** they go to the theatre

1 Transforme les phrases de ce texte en *yes-no questions*.

1. Ashley lives in the suburbs of London. – 2. She works in London. – 3. She took the 8 o'clock train to Waterloo station. – 4. There were a lot of people on the train. – 5. She'll be in London at 8.45. – 6. She will take the tube as soon as she arrives in London.

1. .... ? 4. .... ?
2. .... ? 5. .... ?
3. .... ? 6. .... ?

Wh-questions et questions avec *how*

On utilise	pour interroger sur	Exemples
what	la chose, l'action	**What** are they watching? Que regardent-ils ?
who	l'identité de la personne	**Who** is he calling? Qui appelle-t-il ?
whose	l'appartenance	**Whose** ball is it? À qui est ce ballon ?
when	le temps	**When** did they come? Quand sont-ils venus ?
where	le lieu	**Where** does she live? Où habite-t-elle ?
why	la cause	**Why** are you laughing? Pourquoi riez-vous ?
which	le choix	**Which** tie do you prefer? Quelle cravate préfères-tu ?
what... like	l'aspect	**What** is it **like**? À quoi ressemble-t-il ?

On utilise	pour interroger sur	Exemples
how	la manière	*How did you repair it?* Comment l'as-tu réparé ?
how old	l'âge	*How old is your uncle?* Quel âge a ton oncle ?
how many (+ dénombrable au pluriel)	le nombre	*How many books did you buy?* Combien de livres as-tu achetés?
how much (+ indé-nombrable)	la quantité	*How much bread do you want?* Combien de pain veux-tu ?
	le prix	*How much is it?* Combien cela coûte t-il ?
how often	la fréquence	*How often do you play football?* À quelle fréquence joues-tu au football ?
how long	la durée	*How long will it take?* Combien de temps cela prendra-t-il ?
how far	la distance	*How far is it?* À quelle distance est-ce ?

2 Observe les réponses et complète les questions.

1. .... will travel with you? – Jane will.

2. .... were they doing? – They were sleeping.

3. .... toothbrush is it? – It's Jenny's.

4. .... is their house ....? – It's big and modern.

5. .... were your keys? – They were on the kitchen table.

6. .... do you go to the cinema? – We go to the cinema once a week.

7. .... will it take? – It will take two hours.

Place de la préposition

Si le verbe utilisé dans la phrase interrogative se construit avec une préposition, celle-ci doit rester après le verbe dans la question.

***Who** are you waiting **for**?* Qui attendez-vous ?

3 Pose les questions qui correspondent aux réponses suivantes, en utilisant la préposition contenue dans la réponse.

Ex. : *What are you listening to?* → *I'm listening to classical music.*

1. ....? He was waiting for the train.

2. ....? They are looking at some paintings.

3. ....? They came from England.

25 La phrase
Les phrases réduites

Les *question tags*

- Les *questions tags* sont de petites questions qui viennent en fin de phrase et qui servent généralement à demander confirmation ; ils peuvent aussi exprimer la surprise. Ils sont l'équivalent du français **« n'est-ce pas ? »** mais sont employés beaucoup plus systématiquement que ne l'est cette locution en français.

- Construction des *tags*

Énoncé affirmatif → *tag* avec une négation : auxiliaire + *not* + pronom personnel.
This story is very funny, **isn't it**? Cette histoire est très drôle, n'est-ce pas ?

Énoncé négatif → *tag* sans négation : auxiliaire + pronom personnel.
He doesn't like cheese, **does he**? Il n'aime pas le fromage, n'est-ce pas ?

- Note que le *question tag* est toujours précédé d'une virgule et suivi d'un point d'interrogation. Pourtant ce n'est **pas une vraie question**. L'intonation est descendante.

1 Complète les phrases suivantes à l'aide du *question tag* qui convient.

1. You don't believe me, ... ?
2. They didn't call the doctor, ... ?
3. Karen will be fifteen next week, ... ?
4. You haven't seen that film, ... ?
5. Oliver likes playing squash, ... ?
6. Louis can't swim, ... ?
7. Jane has lost her pen, ... ?
8. They brought some flowers, ... ?
9. Melissa was sleeping, ... ?
10. You've never been to China, ... ?

> Si la phrase ne contient pas d'auxiliaire, utilise celui qui correspond au temps de la phrase.

Les *tags* de conformité

- Pour exprimer la ressemblance, la similarité, on emploie des *tags* de conformité. Ils correspondent au français **« moi aussi ... »**, **« moi non plus ... »**.

- À la **forme affirmative**, le *tag* est composé de *so* + auxiliaire + sujet.
Whitney likes horror films. **So do I.** Whitney aime les films d'horreur. Moi aussi.

- À la **forme négative**, le *tag* est composé de *neither* + auxiliaire + sujet.
I didn't manage to find a hotel. **Neither did Kim.** Je n'ai pas réussi à trouver un hôtel. Kim non plus.

2 Peter et Kevin ont vraiment les mêmes goûts et les mêmes projets. Utilise un *tag* de conformité pour le montrer.

1. Peter enjoys going jogging. .... Kevin.
2. Kevin is crazy about jazz. .... Peter.

> Chaque fois que l'on fait une affirmation concernant Peter, on dit qu'il en est de même pour Kevin et réciproquement.

3. Kevin doesn't like tidying his room. .... Peter.

4. Peter isn't interested in history. .... Kevin.

5. Kevin enjoyed playing with his teddy bear. .... Peter.

6. Peter will be a detective. .... Kevin.

Les *tags* de contraste

> On emploie les *tags* de contraste pour **exprimer une différence**.
> Si la première partie de la phrase est affirmative, le *question tag* est négatif et inversement.
>
> George **was** late (but) Linda **wasn't**. George était en retard, (mais) pas Linda.
> Beth **didn't** take her car (but) I **did**. Beth n'a pas pris sa voiture, mais moi oui.

3 **John ne fait rien comme ses amis. Utilise un *tag* de contraste pour le montrer.**

Ex. : *Angela's going to town, but John isn't.*

1. Bob doesn't play cricket, ...

2. Kate can swim, ...

3. Jane has been to America, ...

4. Alan didn't want to live in London, ...

5. Shirley bought a new racket last week, ...

4 **Regroupe les dessins par paires. Trouve les légendes manquantes en employant des phrases de contraste.**

1. Mr Bird can play the violin, but ....

2. John can dive, but ....

3. Christopher likes cats, but ....

26 La phrase
Les phrases exclamatives

How + adjectif ou adverbe

L'exclamation peut s'exprimer de différentes manières. Elle peut porter sur un adjectif, un adverbe ou un groupe nominal.

● L'exclamation introduite par *how* porte **soit sur un adjectif, soit sur un adverbe**.
How heavy it is! Comme c'est lourd !
How quickly he runs! Comme il court vite !

● Attention à l'ordre des mots. Il n'y a **pas d'inversion** car il ne s'agit pas d'une phrase interrogative. Compare.
How old **he is**! Comme il est vieux ! (phrase exclamative)
How old **is he**? Quel âge a-t-il ? (phrase interrogative)

● Il peut arriver que le verbe *be* et le sujet soient sous-entendus.
How funny! = How funny **it is**! Comme c'est drôle !

1 Transforme ces phrases en phrases exclamatives, comme dans l'exemple.
Ex. : *This exercice is too difficult.* → *How difficult it is!*

1. This classroom is too noisy. .... !
2. These students are too lazy. .... !
3. This house is too small. .... !
4. These rooms are too dark. .... !
5. This sofa is too heavy. .... !

> Ne fais pas d'inversion. Sinon, tu obtiendrais des phrases interrogatives.

So + adjectif ou adverbe

L'exclamation introduite par *so* porte également sur un adjectif ou un adverbe.
My neighbour is **so** nice! Mon voisin est si gentil !
Martha cooks **so** well! Martha cuisine si bien !

2 Transforme ces phrases en utilisant l'exclamatif *so*.
Ex. : *How far he lives!* → *He lives so far!*

1. How dangerously he drives! .... !
2. How tired she feels! .... !
3. How well your mother cooks! .... !
4. How boring the film was! .... !
5. How happy she will be! .... !

> La construction est la même lorsque l'exclamation porte sur un adjectif ou sur un adverbe.

What + groupe nominal

L'exclamation introduite par *what* porte sur un groupe nominal.

● On emploie **l'article indéfini** *a* ou *an* lorsque *what* est suivi d'un dénombrable singulier.
***What** a garden!* Quel jardin !   ***What an** advertisement!* Quelle publicité !

● On n'emploie **pas d'article indéfini** si *what* est suivi d'un indénombrable ou d'un dénombrable au pluriel.
***What** music!* Quelle musique !   ***What** beautiful presents!* Quels beaux cadeaux !
Exceptions : *What **a** pity!* Quel dommage ! *What **a** shame!* Quelle honte !

● Le groupe nominal peut comporter un **adjectif**.
***What** a strange idea!* Quelle étrange idée !   ***What** lovely cats!* Quels charmants chats !

3 Forme deux phrases exclamatives avec les mots donnés.
Ex. : film / violent → *This film is so violent!* → *What a violent film!*

1. tart / good ....! ....!

2. actress / beautiful ....! ....!

3. customer / impatient ....! ....!

4. game / dangerous ....! ....!

4 En visitant la National Gallery à Londres, Britney n'entend que des phrases admiratives. Aide-la à les reconstituer en ajoutant les mots manquants.

1. .... good painter! – 2. His paintings are .... terrific! – 3. .... talented he is! – 4. .... beautiful colours! – 5. He paints .... well! – 6. I'm not surprised that he is .... famous!

Tu devras compléter chaque phrase en ajoutant un ou deux mots.

5 Que dit cette dame en voyant cet homme au travail ? Remets ces mots dans l'ordre.

• amusing / is / how / it / !
• have / funny / what / you / a / mask / !
• idea / strange / what / a / !

27 La phrase
Les subordonnées complétives

Verbe + *that*

● En anglais, comme en français, les **verbes de déclaration** (*say, tell*...) et **d'opinion** (*think, know, understand*...) sont souvent complétés par une proposition subordonnée, dite complétive. La conjonction de subordination *that* qui les introduit correspond au « que » français.

*The children say **that** they will play in the garden.*
Les enfants disent qu'ils joueront dans le jardin.
*Her father thinks **that** she must go to university.*
Son père pense qu'elle doit aller à l'université.

● Attention, **ne confonds pas** ces subordonnées avec des propositions relatives introduites par *that* (à la place de *who* ou *which*). Les relatives dépendent d'un nom (leur antécédent), les complétives dépendent d'un verbe.

*I know the man **that** is sitting over there.* Je connais l'homme qui est assis là-bas. (relative)
*I say **that** I know this man.* Je dis que je connais cet homme. (complétive)

1 Aide le journaliste à rapporter ce qu'a dit le maire de sa ville.

Our town is not polluted.
The streets are clean.
The hospital is new.
The children need a modern school.
The senior citizens are well looked after.
The future will be bright for everybody.
The citizens will live happily ever after.
I want to be your mayor again next year.

The mayor says that ....
He thinks that .... and ....
He announces that ....
The mayor feels that ....
He knows that ....
He understands that ....
He says that ....

● *Citizen* : **citoyen.** ● *Will live happily ever after* : **vivront heureux (comme dans les contes de fées).**
● *Look after* : **s'occuper de.** ● *Mayor* : **maire.**

Omission de *that*

- La conjonction *that* est très souvent **sous-entendue**.

Her father thinks she must go to university. Son père pense qu'elle doit aller à l'université.
I know he is angry. Je sais qu'il est en colère.
He says he'll visit the United States. Il dit qu'il visitera les États-Unis.
Martha feels it's too late to leave. Martha pense qu'il est trop tard pour partir.

- Attention, même en cas d'omission, la proposition principale et la proposition subordonnée ne sont jamais séparées par une virgule.

2 Un reporter a fait l'interview d'un cascadeur. Traduis son article.

UN CASCADEUR

L'acteur a dit que les cascades étaient dangereuses. Il pense que c'est un beau métier pour les jeunes aujourd'hui. Il sait que les producteurs sont de plus en plus exigeants. Il comprend que les exigences sont plus grandes, mais il annonce qu'il n'arrêtera jamais d'être cascadeur.

A STUNTMAN

....
....
....
....
....
....
....

- **Cascades :** *stunts*.
- **Producteurs :** *producers*.
- **Exigeants :** *demanding*.
- **Exigences :** *demands*.

Lexique des exercices

A

abroad : à l'étranger
actress : actrice
actually : en fait
alcohol : alcool
allowed (to be) : autorisé (être)
alone : seul
always : toujours
amusing : amusant
answer : réponse
apple-tree : pommier
archaeologist : archéologue
armchair : fauteuil
arrest (to) : arrêter
arrive (to) : arriver
asleep : endormi
attractive : attirant
awake : réveillé

B

bag : sac
ball : ballon
bargain : (bonne) affaire
bath : bain
be (to) : être
beautiful : beau
bed : lit
bedroom : chambre
beginning : début
behind : derrière
believe (to) : croire
best : meilleur
big : grand/ gros
bike : vélo
bird : oiseau
birthday : anniversaire
black : noir
blue : bleu
boat : bateau
book : livre
bookshop : librairie
bored : ennuyé
boring : ennuyeux
borrow (to) : emprunter
boss : patron
box : boîte
boyfriend : petit ami
bread : pain
break (to) : casser
bring (to) : apporter
bring back (to) : rapporter
brush : brosse
bus stop : arrêt de bus
busy : occupé
butcher : boucher
buy (to) : acheter

C

cake : gâteau
call (to) : appeler
camera : appareil photo
can *(modal)* : pouvoir/ savoir
car : voiture
careful (to be) : prudent (faire attention)
carry (to) : porter
castle : château
cat : chat
ceiling : plafond
century : siècle
chicken : poulet
child (*pl.* children) : enfant
choice : choix
church : église
classroom : salle de classe
clean : propre
clean (to) : nettoyer
closed : fermé
cloud : nuage
collect (to) : collectionner
come (to) : venir
computer : ordinateur
contestant : candidat
cook (to) : cuisiner
cooking (do the) : cuisine (faire la)
copy-book : cahier
country : campagne/ pays
courageous : courageux
crazy : fou
cry (to) : pleurer
customer : client

D

dance (to) : danser
dangerous : dangereux
dangerously : dangereusement
dark : sombre
day : jour
desk : bureau *(meuble)*
detective film : film policier
difficult : difficile
dirty : sale
disco : discothèque
dishwasher : lave-vaisselle
dive (to) : plonger
do (to) : faire
do one's hair (to) : se coiffer
dog : chien
door : porte
drink : boisson
drink (to) : boire
drive (to) : conduire
driving test : permis de conduire *(examen)*
duck : canard

E

early : tôt
eat (to) : manger
empty (to) : vider
enjoy (to) : apprécier/ s'amuser
enough : assez/ suffisamment
evening : soir
every : chaque/ tout
everything : tout
everywhere : partout
exercise : exercice
expect (to) : s'attendre à
expensive : cher

F

fall off (to) : tomber de
famous : célèbre
far : loin
fat : gros
father : père
feed (to) : nourrir
feel (to) : (se) sentir
film director : metteur en scène
finish (to) : finir
first : premier
flat : appartement
floor : sol
flower : fleur
fly (to) : voler *(dans les airs)*
follow (to) : suivre
food : nourriture

foot (pl. feet) : pied
forbidden : interdit
forget (to) : oublier
French : français
fresh : frais
Friday : vendredi
friend : ami
frightened (to be) : effrayé (être)
frightening : effrayant
funny : drôle
furniture : meubles

G-H

game : jeu
German : allemand
get up (to) : se lever
give (to) : donner
glass : verre
glasses : lunettes
go (to) : aller
good : bon
grass : herbe
grey : gris
grocer : épicier
hair : cheveux
hairbrush : brosse à cheveux
half : demi
hand : main
happy : heureux
hat : chapeau
have (to) : avoir
have a drink (to) : prendre un verre
headmaster : directeur d'école
heavy : lourd
high : haut
hill : colline
hire (to) : louer
history : histoire
hitchhiking : auto stop
hole : trou
holiday : vacances
home : maison/ foyer
home-made : fait maison
hour : heure
house : maison
hungry (to be) : avoir faim
hurt (to) : blesser
husband : mari

I-J-K

ice : glace
ice cream : glace (aliment)
ice rink : patinoire
idea : idée
in : dans
in front of : devant
interested : interessé
interesting : intéressant
jog (to) : courir
jump (to) : sauter
keep (to) : garder/ conserver
key : clé
kill (to) : tuer
kitchen : cuisine (pièce)
kite : cerf volant
knock (to) : frapper (à la porte)
know (to) : savoir/ connaître

L

last : dernier
late : en retard/ tard
laugh at (to) : se moquer de
lazy : paresseux
leave (to) : partir/ quitter
left : gauche
leg : jambe
lend (to) : prêter
less : moins
lesson : leçon/ cours
librarian : bibliothécaire
library : bibliothèque
lift (to) : soulever
like (to) : aimer (bien)
listen to (to) : écouter
live (to) : vivre
living-room : salon
lock (to) : fermer à clé/ verrouiller
look at (to) : regarder
lose (to) : perdre
low : bas
lucky : chanceux
luggage : bagages

M

make (to) : faire/ fabriquer
manager : directeur
married : marié

meat : viande
meet (to) : rencontrer
milk : lait
mirror : miroir
modern : moderne
money : argent
month : mois
moped : mobylette
morning : matin
mother : mère
museum : musée
music : musique
must : devoir
mysterious : mystérieux

N-O

neighbour : voisin
nephew : neveu
never : jamais
new : nouveau
news : nouvelles/ informations
newspaper : journal
next : suivant/ prochain
nobody : personne
noisy : bruyant
not yet : pas encore
nowadays : de nos jours
nowhere : nulle part
office : bureau (pièce)
often : souvent
on : sur
once (a month) : une fois (par mois)
over : au-dessus de

P

paint (to) : peindre
painter : peintre
painting : tableau
park (to) : se garer
party : fête/ soirée
pay (to) : payer
pen : stylo
people : gens
photographer : photographe
place : endroit
plane : avion
plane crash : accident d'avion
plate : assiette

play (to) : jouer
pleasant : agréable
pocket : poche
Portuguese : portugais
postman (*pl.* postmen) : facteur
powerful : puissant
present : cadeau
pretty : joli
protect (to) : protéger
proud : fier
puppy : chiot
put (to) : mettre/ poser/ placer

Q-R

queen : reine
quiet : tranquille
rabbit : lapin
rain (to) : pleuvoir
raincoat : imperméable
reach (to) : atteindre
recommend (to) : recommander
record : disque
remember (to) : se rappeler
repair (to) : réparer
rice : riz
ride (to) : faire du cheval/ du vélo
right : droit
right (to be) : raison (avoir)
ring : bague
room : chambre

S

Saturday : samedi
sausage : saucisse
school : école
seaside : bord de mer
see (to) : voir
September : septembre
shampoo : shampoing
shocked : choqué
shoe : chaussure
shop : magasin
shopping (to do the) : courses (faire les)
skate (to) : patiner
sky : ciel
sleep (to) : dormir
small : petit
smoke (to) : fumer

snake : serpent
snowman : bonhomme de neige
sofa : canapé
somebody : quelqu'un
someone : quelqu'un
somewhere : quelque part
sorry : désolé
Spanish : espagnol
speak (to) : parler
speech : discours
sporty : sportif
stamp : timbre
stay (to) : rester
stolen : volé/ dérobé
straight on : tout droit
strange : étrange
strong : fort
student : étudiant
study (to) : étudier
suburbs : la banlieue
Sunday : dimanche
sunny : ensoleillé
surprised : étonné
surprising : surprenant
sweet : bonbon
swim (to) : nager
swimming-pool : piscine

T

take (to) : prendre
take off (to) : décoller
take out (to) : (faire) sortir
talented : talentueux
talk (to) : parler
tasty : qui a du goût
teacher : professeur
teddy-bear : nounours
terrific : formidable
these : ces
thief (*pl.* thieves) : voleur
those : ces
Thursday : jeudi
tidy (to) : ranger
tie : cravate
tight : serré
tired : fatigué
tiring : fatigant
title : titre
today : aujourd'hui
together : ensemble

tomorrow : demain
tonight : ce soir
too : trop
toothbrush : brosse à dents
toothpaste : dentifrice
translate (to) : traduire
travel (to) : voyager
trousers : pantalon
tube : métro de Londres
Tuesday : mardi
turn (to) : tourner
type (to) : taper *(à la machine)*

U-V

umbrella : parapluie
unlock : déverrouiller
unlucky : malchanceux
usually : habituellement
vegetable : légume
very : très
violin : violon
visit (to) : visiter/ rendre visite à

W-Y

wait (to) : attendre
wake up (to) : (se) réveiller
walk (to) : marcher
want (to) : vouloir
warm : chaud
wash (to) : laver
washing-up : vaisselle
watch : montre
watch (to) : regarder
water (to) : arroser
wear (to) : porter *(vêtements, lunettes)*
week : semaine
welcome : bienvenu
well : bien
white : blanc
whose : à qui
wine : vin
with : avec
work (to) : travailler
write (to) : écrire
writer : écrivain
year : an/ année
yesterday : hier
young : jeune

Index grammatical

A

a few, a little, a lot of 12
a, an 8
adjectif qualificatif 14, 15
ago 33
any 10
article 8, 9
auxiliaires modaux.... 42 à 45
avenir (expression de l'). 38, 39

B

be 15, 28
be able to 42
be going to 38
both 13

C

can, can't 42
cas possessif 22
comparatif 16
complément d'agent 46
complément du superlatif . . 18
composés de **every** 11
composés de **some, any, no**.. 11
could, couldn't 4

D

déterminant 8, 9
déterminant possessif 22
did 32
do 30
don't have to 45

E-F

either... or 13
enough 12
every 11
exclamative (phrase) ... 56, 57
for 35

G-H

génitif 22
gérondif 50, 51
have 29
have got 16, 28
have to 44
how 53, 56

I-J-L

impératif 40, 41
infinitif 48, 49
interrogatifs (mots).. 49, 52, 53
just 35
let 4

M

many 12
may 45
modaux (auxiliaires)... 42 à 45
much 12
must, mustn't 44

N-O

needn't 45
neither... nor 13
noms 6, 7
no (quantifieur) 10
not... any 10
other 13

P

participe passé, présent 14
passif 46, 47
phrases réduites 54, 55
pluriel des noms 6, 7
prépositions 26, 27, 50, 53
présent en **be + V-ing** ....
.... 15, 30, 31, 38
present perfect .... 15, 34 à 36
présent simple 15, 30, 31
prétérit en **be + V-ing** ... 15, 33
prétérit simple... 15, 32, 33, 36
pronoms personnels 20
pronoms possessifs 23
pronoms réfléchis 21
pronoms relatifs 24

Q-S

quantifieurs .... 10 à 13
questions......... 49, 52, 53
question tags 54
shall 43
since 35
so (exclamation avec)...... 56
so many, so much 12
some 10
subordonnée complétive... 58
subordonnée de temps 39
superlatif 18, 19

T

tags de conformité,
    de contraste......... 54, 55
that (pronom relatif)....... 24
that (conjonction) 58, 59
the 8
too many/ too much 12

V-W

verbes irréguliers 17, 18
what (exclamation avec) ... 57
which (relatif) 24
who (relatif)............... 24
wh-questions 49, 52
will 39

Imprimé en France, sur les presses de l'imprimerie Hérissey à Évreux - France
Dépôt légal n° 81284 - Avril 2008 - N° d'impression : 108089